SEMENTES AO VENTE

RICK WIENECKE

> *Oh se minha cabeça se tornasse em águas,*
> *E os meus olhos numa fonte de lágrimas!*
> *Então choraria de dia e de noite*
> *os mortos da filha do meu povo.*
>
> **Jeremias 9: 1 KJV**

Dedicatória

De todo o coração, eu quero dedicar este livro a um Deus incrível. Em Sua bondade, Ele me deu um Salvador, um Senhor e um amigo em Jesus.

Ele me deu Dafna, Daniel e Yohai - uma esposa maravilhosa e dois ótimos filhos.

Ele compartilha Seu amor e lágrimas comigo sobre o Seu povo e a Sua terra.

Quero agradecer e abençoar a todos os nossos amigos que contribuíram para fazer este livro acontecer.

Você sabe quem você é, mas mais importante do que isso: Deus sabe quem você é.

CONTEÚDO

CONTEÚDO

Visitantes observando a exposição no quintal.

CAPÍTULO 1

"Esta é a nossa casa! Não é um museu!"

"Pai, o que você está tentando fazer? Isso é loucura! Esta é uma casa, a nossa casa! Não é um museu!"
Yohai, nosso filho adolescente, parecia muito irritado desta vez. Tinha acordado tarde depois de ficar fora a noite toda com seus amigos. Saiu da cama vestindo apenas suas cuecas boxer e tropeçou em quatro senhoras alemãs idosas que estavam esperando na fila para usar nosso banheiro do térreo.

"Eu vou sair daqui!" Yohai disse furioso. "Papai! Você está colocando uma parede de aproximadamente 2 metros com sete cenas de crucificação e sete figuras de bronze representando o Holocausto em nosso quintal! Dougi[1] e eu estivemos pensando em conseguir um apartamento em Tel Aviv e se eu vir apenas um 'Chapéu Preto' [judeu ultra ortodoxo] na frente da nossa casa, eu vou embora. Estou fora!", ameaçou." Em que mundo você estava quando você pensou nisso aqui?"[2]

O dia tinha começado normalmente e durante a manhã eu tinha trabalhado em uma encomenda de uma escultura de bronze em meu estúdio. Embora 'A Fonte das Lágrimas' ainda não estivesse concluída, tínhamos recebido pequenos grupos para ver a esculpida Fonte exibida no grande quintal da nossa casa. O grupo alemão de cerca de 35 pessoas que chegou três horas da tarde tinha sido a razão para a explosão de Yohai. Meu filho e eu estávamos agora sozinhos no meu estúdio, apenas olhando um para o outro. Os olhos de Yohai estavam arregalados de raiva enquanto esperava minha resposta.
O que eu podia dizer para ele? Como tudo isso começou?

---

1 Dougi era amigo de Yohai.
2 Na versão original (em inglês) a expressão "Em que mundo você estava?" está relacionada com o mundo das drogas e significa: "Você estava chapado? Viajando?"

Em 2005, depois de me mudar para Arad, continuei com a montagem da 'Fonte' no nosso quintal. As pessoas começaram a falar sobre este projeto em pequenos círculos e então começaram a telefonar para perguntar se eles podiam ver o trabalho artístico.

Minha família estava no processo de aprender a conviver com uma grande peça de arte que gradualmente foi se tornando mais conhecida - um fato que qualquer artista adoraria. No entanto, todas as esculturas encomendadas em tamanho natural que eu tinha feito ao longo dos anos,em algum momento saíram da oficina, dando-me uma sensação de conclusão. Mas a 'Fonte', minha maior obra de arte e uma obra pela qual me esforcei durante um longo tempo para conseguir realizar, não saiu de casa, mas ficou no nosso quintal. E mais ainda, do ponto de vista judaico, foi o cristianismo, condenando historicamente os judeus pela crucificação de Jesus, que criou as bases para o Holocausto. "Como eu poderia criar algo que refletisse a relação entre o Holocausto e a crucificação?", me perguntava. Isso é loucura! Yohai provavelmente está certo. O que eu estava pensando?

Ao exclamar: "Isto é Israel! Você não sabe onde você mora?", Yohai quis dizer algo além de uma entidade geográfica. Ele estava certo, Israel é mais do que um conceito - é também uma nação.

Oh se minha cabeça se tornasse em águas,
E os meus olhos numa fonte de lágrimas!
Então choraria de dia e de noite
os mortos da filha do meu povo. **Jeremias 9: 1 KJV**

Estas palavras tinham sido uma parte do início da 'Fonte das Lágrimas'. **Meu** povo. Meu **povo.** Essas palavras me tocaram tão profundamente. Tanta história foi anexada nas lágrimas de Jeremias. As que eu derramei tornaram-se marcadores, marcos ao longo de uma jornada que levou este 'gentio' a estar ligado a este povo, Israel. Poderia ousar dizer, ou talvez sussurrar, "**Meu povo**"?

Então o que Yohai queria dizer era: "Você não percebe onde você mora? Isto é Israel!

O que você tem no nosso quintal é muito controverso." Ele estava preocupado com que os judeus religiosos ultra ortodoxos fossem organizar um protesto em massa na frente da nossa casa.

"Eu entendo completamente e concordo totalmente com você", disse ao meu filho. "Você não tem ideia de quanto; mas, Yohai, eu tinha que criar isto. Simplesmente tinha que fazê-lo."
O fato de eu entender sua frustração não resolveu o problema, mas pelo menos pudemos falar sobre isso.

"Se você sente que tem que sair de casa", eu disse a ele, "você provavelmente aprenderá muito com a experiência. Eu quero que você saiba que você sempre pode voltar para casa. No entanto", eu avisei, "eu não posso desfazer o que eu fiz com a 'Fonte'".
Quando ele se virou para sair do estúdio, eu percebi que ele tinha quase a mesma idade que eu tinha quando sai de casa. Mesmo ele sendo mais jovem em idade, era muito mais maduro do que eu tinha sido nessa época. Durante seus três anos de serviço militar, os adolescentes israelenses amadurecem muito rapidamente. No momento em que ele entrou nas FDI (Forças de Defesa de Israel), meu filho se tornaria um adulto.

Sozinho em meu estúdio tentei refletir sobre nossa acalorada discussão. A 'Fonte' tinha desencadeado alguns dilemas no passado e eu sabia que haveria mais no futuro. Será que um deles o faria arrumar seus pertences e sair de casa? Lágrimas brotaram nos meus olhos. Tudo isso valeu a pena? Para quê? Eu realmente entendia o que eu estava fazendo com este trabalho, a 'Fonte das Lágrimas'? O que é essa agitação dentro de mim? Sou artisticamente inspirado? O que realmente significa: reflexão no sofrimento, uma comunhão? Ao longo da história, essas duas personalidades do Holocausto e da Crucificação de Jesus não se opuseram sempre? Quem era eu para tentar ligar as duas?

"Meu povo", pensei de novo. "Por que me sinto tão apegado a eles? E a esta terra, Israel, onde muitos se surpreenderam ao ouvir que eu tenho cidadania israelense."

Meus pensamentos voltaram ao momento em que tudo começou, quando deixei a casa de meus pais em Ontário, no Canadá.
Com dezenove anos de idade, eu estava a caminho de Vancouver em busca de novas e incalculáveis aventuras.

CAPÍTULO 2

Recorrendo o Canadá

Passar dez dias dirigindo pelo Canadá foi incrível, apesar da tensão constante por não saber se a minha velha caminhonete Volkswagen (1965) chegaria ao fim do dia. Eu 'absorvia' os céus enormes das províncias canadenses de pradarias e pores do sol que não acabavam nunca; era como passar através de grandes paletas de cores. Para ajudar a melhorar as muitas milhas e longas horas de condução, eu fumava e compartilhava haxixe com meus dois caronas americanos.

Mesmo que durante a escola o haxixe e a maconha sempre foram parte dos meus fins de semana, eu de alguma forma consegui ficar longe das drogas mais pesadas, embora eu nunca descobri o porquê. Instintivamente eu tinha desenhado uma linha que eu não estava disposto a atravessar. As drogas suaves me colocavam em um estado de espírito feliz, ataques incontroláveis de riso e bobagem. Eu desfrutava daquilo, mas de vez em quando perdia o controle. Quando isso acontecia, um medo profundo me invadia, um pressentimento, e o pânico resultante me fazia querer desaparecer, mas nunca o suficiente para deixar as drogas.

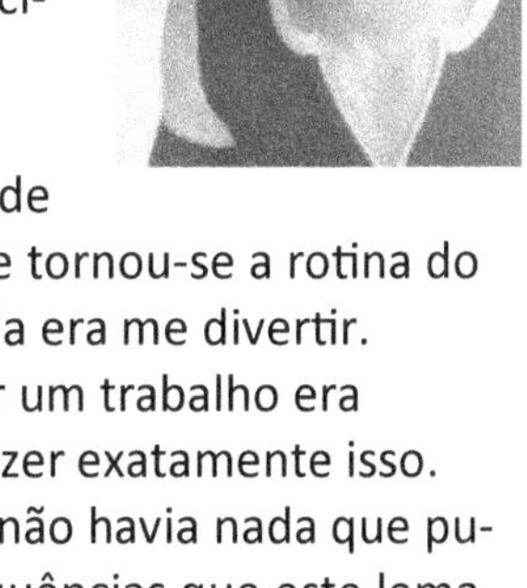

Chegar em Vancouver me deu um sentimento de realização, mas logo a novidade da Costa Oeste tornou-se a rotina do meu antigo estilo de vida. O lema da minha vida era me divertir. Era muito importante para mim. A razão de ter um trabalho era ganhar dinheiro suficiente para ser capaz de fazer exatamente isso. Como o prazer pessoal governava minha vida, não havia nada que pudesse me fazer parar; nunca pensei nas consequências que este lema poderia ter para mim ou para os outros.

As meninas e a bebida eram por prazer e, seguindo as regras de 'caça' nos bares e discotecas, eu fiz bastante sucesso. Conheci uma menina em um bar uma noite e, após um curto período de tempo, nós concor-

damos em morar juntos. Certa noite tínhamos bebido muita cerveja
quando de repente ela perguntou: "Você acha que há um Deus?".
Eu não gostei daquela pergunta, que me forçou a pensar em algo diferente de mim. Eu disse a ela que descartei a Teoria do Big Bang.
Eu não acreditava que uma grande explosão, bilhões de anos atrás,
pusesse nosso universo em ordem. "Eu acredito que tem que haver
um criador", eu disse a ela. "A matriz de cores no outono quando as
folhas mudam tem que ser um ato criativo intencional, não apenas
uma chance aleatória".
A resposta me surpreendeu e pareceu satisfazê-la e o momento de
pensar em algo diferente de nós passou tão rapidamente quanto
chegou. Sim, é bom saber que existe um Deus, pensei, mas quem se
importa? Voltando às coisas que eram realmente importantes, nós
pedimos outra rodada de cerveja.
Depois de alguns meses, nosso relacionamento começou a esfriar;
a espontaneidade não estava mais lá e começamos a nos conhecer
muito bem. Era hora de eu seguir em frente.

Aluguei um apartamento no porão de uma antiga casa vitoriana no
centro de Vancouver que tinha uma sensação cavernosa. Para ganhar
meu sustento me tornei motorista de táxi.
Um chuvoso domingo à noite, tudo estava calmo e a maioria dos motoristas estava estacionada em diferentes partes da cidade esperando
sua vez. Sendo o próximo táxi de plantão, esperei no meu carro, que
estava estacionado no terreno ao lado do escritório dos taxis.
De repente, a porta do passageiro se abriu e Antônio pulou com um
grande sorriso no rosto. O português era geralmente alegre, mas
desta vez havia algo especial acontecendo.
        "Adivinhe o que eu tenho?" Ele não esperou que eu adivinhas-
se. "Colombiana! Combinada com ácido." Eu não tinha certeza do que
isso significava. Eu sabia que a maconha colombiana era uma das melhores, mais potente do que a maioria. Mas como você pode misturá-
la com ácido?, perguntava-me.
Como era uma noite tranquila, decidi que isso não tinha importância
e que íamos fumar a mistura. Assim que Antonio e eu terminamos de
fumar, o rádio anunciou que tinha que pegar alguém de uma cidade
rural a uns quinze minutos de distância.

Eu esperava que quando chegasse ao endereço o cheiro das drogas
tivesse sumido do carro, mas por causa da chuva forte eu não podia
manter a janela aberta.
O efeito da maconha atingiu-me cerca de dez minutos depois - muito
mais rápido do que o habitual e de uma forma muito mais agressiva.
De repente, senti como se algo tivesse caído sobre mim e estava preso
pelo medo. Meu ritmo cardíaco aumentou e no momento em que
entrei na pequena cidade, a paranoia já tinha tomado conta de mim.
Mesmo conhecendo a região, eu tive dificuldade em encontrar o
número da rua e estava lutando para manter a calma enquanto os
pingos de chuva batendo na janela do carro me deixavam louco.
No final das contas, o endereço acabou sendo uma pequena igreja.
Eu parei na frente e mantive o motor ligado, enquanto os pensamentos passavam rapidamente pela minha cabeça e meu coração batia
aceleradamente. "Se eu puder simplesmente me segurar no volante,
vou ficar bem," pensei.

A igreja era um típico edifício branco, com um telhado alto e em ponta
e uma cruz no seu ponto mais alto. Olhando para as duas grandes portas dianteiras da igreja, eu continuava esperando que quem quer que
fossem os clientes, eles não saíssem. Um momento depois, as portas
se abriram e um grupo de senhoras idosas caminhou em direção ao
meu táxi. Todas pareciam iguais, com cabelos brancos e curtos, e como a água que escorria pelas janelas, elas fluíram em direção ao carro.

Uma voz na minha cabeça continuava dizendo: "Não abra as portas!
Não as deixe entrar!" No entanto, as portas do carro se abriram e uma
por uma entraram no táxi. Duas senhoras deslizaram-se ao meu lado,
enquanto outras três encheram o banco traseiro. Eu estive muito
perto de perder o controle. Sem olhar para nenhuma delas, afastei
o carro lentamente, lutando para mantê-lo na estrada. Felizmente,
foi apenas uma viagem curta até o lar de idosos onde moravam.
Depois de receber o valor da minha corrida, eu rapidamente fui embora. Algumas centenas de metros mais para frente encostei o carro
e desliguei o motor.

Tudo que eu podia fazer era sentar lá e respirar profundamente. Eu estava com tanto medo, tão terrivelmente assustado.

Algumas vezes já tinham me acontecido coisas ruins quando estava chapado, mas nunca tinha tido uma experiência tão horrível.

CAPÍTULO 3

Uma Noite Estrelada em um Campo Aberto

Lembranças daquela noite ficaram comigo por um longo tempo.
Eu não sabia o que fazer ou se eu deveria fazer alguma coisa.
Eu sempre consegui 'limpar' as coisas, voltar a focalizar, seguir em
frente e procurar a próxima aventura. Desta vez não pude.
Pela primeira vez em minha vida me senti desesperado e sozinho.
Alguns dias depois, eu levei o meu cachorro para passear e sentei na
grama de um campo tranquilo, longe de tudo. O céu estava limpo
e cheio de milhões de estrelas. A beleza e a vastidão do universo me
puxaram para fora de mim e me consumiram por um momento.
Fiquei surpreso quando o silêncio foi quebrado pela minha própria
voz: "Se há alguém lá em cima, eu quero desistir de todo esse lixo".
Era uma espécie de oração. Refletindo sobre a minha vida me senti
internamente sujo, uma sujeira que estava se acumulando e que não
podia ser limpa ou ignorada por mais tempo. Até parecia ter um
cheiro ligado a ela - fedia a morte.
Durante dias pensei na curta conversa daquela noite no campo.
Debatendo comigo mesmo que não fazia o menor sentido, eu desesperadamente esperava que ninguém tivesse me visto. Se por acaso as
pessoas tivessem ouvido, eles teriam presumido que estava falando
com o cachorro. Fazendo um esforço para me convencer a superar
isso, tentei voltar à vida que sempre conheci. No entanto, esse cheiro
continuou vivo.
Finalmente, eu decidi fazer alguma coisa. Para responder de alguma
forma ao que eu tinha dito, o lixo tinha que ser tratado e então pensei
que talvez poderia parar de fumar cigarros. De acordo com o aviso em
cada pacote, os cigarros eram ruins para a sua saúde, por isso parecia
ser uma decisão razoável. Era razoável durante as primeiras quatro
horas, mas então eu percebi o quanto eu gostava de fumar, como eu
ansiava pela nicotina.
Os cigarros criaram certa ordem no meu dia. Eu comia certos alimen-
tos porque depois de comer eles, o cigarro tinha um gosto melhor.

Beber cerveja sem fumar era impensável. Eu não estava planejando desistir da cerveja, mas como eu poderia beber sem meus cigarros? De repente, minha vida inteira estava em tumulto.

Depois de lutar para viver três dias sem cigarros, eu senti como se eu fosse morrer. Percebi que os cigarros haviam sido uma parte muito importante da minha vida e então a minha resposta ao momento de drama vivido no campo começou a ser cada vez menos importante. Naquela noite minhas corridas de táxi foram irritantes –a maioria de curta distância e sem gorjeta. Fazia frio e parecia que ia nevar, ou talvez apenas uma chuva gelada. A maioria dos clientes eram bêbados tentando chegar em casa entrando em um táxi em vez de pôr em perigo suas vidas andando. Eu tive a 'sorte' de obter um dólar e cinquenta centavos por uma corrida, sem contar a gorjeta. Não era apenas irritação do trabalho, mas também o terceiro dia sem um cigarro.

"Por que estou fazendo isso?", perguntava-me. Não fumar é realmente estúpido!

No momento em que declarei minha estupidez, a porta do passageiro dianteiro se abriu. Uma mão agarrou o assento dianteiro e então a cabeça de um homem, outro braço e um par de pernas entraram, aparentemente independentes um dos outros. As partes do corpo vieram junto com um fluxo de palavrões saindo de uma boca. Enquanto tentava se sentar, o homem amaldiçoou tudo. Encostado no assento de carro, ele tentou recuperar o fôlego, virou-se para mim e tentou me dizer seu endereço. Foram necessários três intentos até eu descobrir algumas palavras suficientemente legíveis para entender onde ele queria ir. Imediatamente, o carro estava cheio de seu cheiro de bêbado. Era o pior de todos os cheiros, porque ele não era apenas alguém que bebia demais; no seu caso, o álcool o tinha consumido.

Este homem não tinha bebido só uma noite, parecia que ele estava bebendo fazia dias. Fiquei surpreso com que ele tivesse conseguido lembrar seu endereço.

Tendo uma ideia geral de onde a sua casa ficava, eu tinha certeza que estaria vazia - ninguém poderia viver com esse homem. Como ele tinha conseguido atravessar a rua do bar do hotel para o ponto de táxi, desafiava toda lógica.

Por cerca de dez minutos, o homem sentou-se quieto em seu assento e eu pensei que ele tinha adormecido.

De repente, ele se mexeu e começou a murmurar para si mesmo;
então ele ficou agitado e revirou os bolsos. Ele relaxou quando encontrou o que estava procurando. Inclinando-se contra o assento do
carro, tirou um cigarro de uma caixa amassada. Conseguindo coorde-
nar o isqueiro com a ponta do cigarro, ele o ascendeu e inalou.
Até aquele momento tudo sobre este passageiro parecia muito deso-
lador. De repente, uma leveza entrou em minha alma e eu tive uma
sensação de alívio, até mesmo de resgate. Esse ser humano quebrado
e miserável ia me salvar. Eu realmente não estou fumando, pensei,
só inalarei a fumaça. Foi uma mudança estranha, porque meu desgos-
to anterior se transformou em apreço e até mesmo em um sentimento de amizade.
Devido ao início do inverno, a noite estava tão fria que tivemos de
manter as janelas do carro fechadas, impedindo a fumaça de escapar.
Enquanto esperava a fumaça do cigarro chegar a mim, me senti feliz
pela primeira vez em dias. Quando girou em torno do meu rosto,
eu inalei profundamente, mas para minha surpresa, em vez de desfrutar o efeito, tudo em mim se revoltou, recuou. É difícil descrever
o sentimento de choque que senti. A fumaça se tornara vil, estranha
para mim, algo que eu nunca tinha conhecido. Minha velha 'amiga'
tinha me deixado doente, fazendo com que meu estômago revirasse
a tal ponto que eu ia vomitar. Baixei rapidamente o vidro da janela do
carro, eu já não me importava com o frio porque precisava desesperadamente de ar fresco. Com a cabeça parcialmente para fora da janela,
não só inalava profundamente o ar fresco, mas também tentava me
separar fisicamente da fumaça.
Meu passageiro não conseguia descobrir por que de repente se tornara tão frio e ventoso dentro do táxi. Quando ele percebeu que eu
tinha baixado o vidro e que eu não estava prestes a fechá-lo novamente, inundou-me com todas as palavras desagradáveis que foi capaz de
lembrar. Eu não me importei. O fato de ele se recusar a pagar pela
corrida também não me incomodou. No meu caminho de volta para
a cidade eu tentei entender o que tinha acontecido. Já não entendia
quem eu era; dentro de mim algo tinha mudado. Algo que uma vez
fora muito importante para mim, tinha sido tirado de mim.
Era como se eu nunca tivesse fumado em minha vida e sabia que nunca mais fumaria.

No entanto, era mais do que isso. Encostando o carro na beira da estrada eu simplesmente sentei lá. Olhando para frente, eu não queria pensar, mas não conseguia evitar. Alguém me mudou, mas eu não tinha nada a ver com essa mudança, pensei. De repente, fiquei com medo. Quem me mudou? Quem fez isto? Ele me ouviu no campo? O que eu estou realmente pensando? E quem é Ele? Eu tenho que descobrir, tenho que descobrir!
Assim começou minha busca por Deus - este 'Ele'. Eu sabia que isso estava fora do meu reino, algo além do que eu podia ver e algo fora dos meus sentidos naturais. Ele era algo ou alguém espiritual, o que quer que isso significasse.

CAPÍTULO 4

Descobrindo o Êxodo

Enquanto procurava a verdade, tentei diferentes formas de meditação, expansão da mente e todos os tipos de dietas. Mesmo querendo encontrar 'Ele', se Ele realmente estava lá, eu queria que Ele se mostrasse para mim. Em meu coração eu sabia que Ele existia, mas eu não ousei dizer isso em voz alta. O pensamento me assustava e me atraia ao mesmo tempo.

Em um dia calmo, eu estava no meu apartamento do porão sentindo-me totalmente entediado. Era um daqueles dias que eu não conseguia encontrar nada para fazer ou fazer algo acontecer. Até mesmo o ar parecia pesado e usado, o que não era uma surpresa porque tudo naquele porão era velho e para descartar. A maioria dos móveis tinha sido mantida por causa de algum tipo de pensamento delirante que considerava um uso futuro.

Eu fiquei no meu pequeno quarto com minha única amiga verdadeira, uma televisão de dezesseis polegadas que me fazia companhia, afastando-me do lixo que havia do outro lado da porta. Esse outro lado era um mundo cheio de coisas mofadas em caixas de papelão, que até a memória tinha deixado para trás, e de prateleiras de metal torto (que nunca ficaram retas) cheias de livros antigos de todas as formas e tamanhos. Logo, dentro da próxima meia hora, talvez meu tédio acabasse com um programa de TV. Voltando do banheiro, eu olhei para alguns dos livros na prateleira e até os toquei levemente com o meu dedo - algo que nunca tinha feito antes.

Ler era algo que eu sempre evitava e pensava que nunca conseguiria entender por que as pessoas davam tanta importância à leitura. Meus pais adoravam ler e minha irmã mais velha também era um rato de biblioteca. Eles sempre falavam alguma coisa do tipo: "Isso é tão bom, eu não posso parar de ler!" ou "Avise-me quando acabar". O mais difícil de acreditar era: "O filme foi bom, mas o livro é muito melhor". Aconteça o que acontecer, pensei, não vou lutar contra o meu tédio lendo um livro.

Sempre costumava me gabar do fato de ter terminado o ensino médio
sem quase ler um livro, uma atitude que tinha sido muito apreciada
pelos meus amigos. No entanto, eles estavam muito longe de mim
agora e eu tinha que esperar mais quinze minutos antes do programa
das quatro. Escolhendo um livro ao acaso, fui para o meu quarto
enquanto esfregava minhas mãos empoeiradas nas minhas calças.
A única cadeira do meu quarto era velha e confortável. Eu não abri
o livro imediatamente, fiquei virando ele algumas vezes na minha
mão. De alguma forma, o título, Êxodo, tocou um sino minúsculo
na minha cabeça e me lembrei que existia um filme baseado nele.
Talvez tenha algumas fotos nele, pensei. Quão ruim pode ser? Apenas
mais dez minutos antes do programa de TV começar. Qualquer coisa
será melhor do que ler este livro.

As poucas fotos em preto e branco dentro do livro não significavam
nada para mim. No entanto, no momento em que eu comecei a ler, fui
puxado para dentro da história. Começou rapidamente com uma
mistura de coisas. Um repórter encontrando um velho amigo, uma
enfermeira de férias em Cypress; isso atraiu meu interesse. Logo
depois, mostrava um velho navio cheio de crianças, crianças judaicas.
Mesmo que houvesse muitas coisas que eu não entendia, por alguma
razão eu não queria parar. Vou ler até às quatro e meia, decidi.
Gradualmente, a história se tornou mais complicada à medida que
mais nomes foram introduzidos como Haganah, Palestina, o Mandato
Britânico e Holocausto. Havia muito mais que eu não entendia, mas
até então eu já tinha esquecido o tempo. Quando ficou escuro demais
para eu ler, eu empurrei a cadeira mais perto da única luz no quarto.
Finalmente, adormeci na cadeira com o livro no meu colo.

Na manhã seguinte, eu queria continuar lendo, mas tinha que ir trabalhar. Naquele dia, fiz tudo o que tinha que fazer e rapidamente voltei
para casa para continuar lendo. Esse padrão continuou durante toda a
semana e mesmo durante o trabalho, meus pensamentos continuavam voltando para a história. Parecia que meu apartamento tivesse
vida, como se alguém estivesse esperando por mim.
Era emocionante.

No momento em que sentava na minha cadeira, era puxado de novo para o mundo do Êxodo. Era um lugar de luta, não só contra os alemães, mas também contra os britânicos, russos ou poloneses. Para esses judeus, era uma luta contra uma separação de dois mil anos de uma terra que agora parecia pronta para abrir as portas a seu antigo povo após a maior devastação de sua história - o Holocausto.

O Holocausto era uma palavra que parecia estar sozinha frente ao pano de fundo de todos os outros nomes aos quais eu estava sendo introduzido dentro do livro. Foi a palavra que uniu os complexos pontos de vista de cada um dos grupos de pessoas representados na história.

Por que essa história parece possuir minha vida?, perguntava-me. Não só estou finalmente lendo um livro, mas estou aprendendo sobre a história de um povo estrangeiro tão distante de mim. Continuei lendo.

Através das personagens da trama, Leon Uris explicou a história do sofrimento judaico no Império Russo no final do século XIX. Li sobre jovens judeus que emigraram para a Palestina Otomana para formar fazendas comunais. Os judeus deixaram a Europa porque estavam sendo perseguidos, mas ao mesmo tempo eles foram interiormente, espiritualmente atraídos de volta para este Israel.

Aprendi sobre os campos de concentração, os carros de gado, os campos da morte, as marchas da morte, as pilhas de cadáveres ainda não queimados nos fornos. Também sobre aqueles outros corpos que, até hoje, não foram descobertos nos lugares mais escuros das florestas distantes. A informação me chocou profundamente e foi quase impossível de compreender. Esta parte do livro me fez parar, porque eu não sabia nada sobre o Holocausto. Minha principal fonte de informação, a TV, me ensinou através de filmes sobre a Segunda Guerra Mundial que os americanos eram sempre os bons e os alemães os maus.

Meu conhecimento do Oriente Médio era igualmente lamentável. As notícias internacionais não me interessavam. Para mim, o Oriente Médio era sempre uma guerra esperando para acontecer. Contanto que não afetasse minha sexta-feira ou sábado à noite, não era importante; então não liguei.

Ao ler este livro, algo dentro de mim havia mudado. "Devo parar agora, depois de ler metade do livro?", perguntava-me. Preciso saber
mais? Talvez eu devesse voltar a ser normal. No entanto, eu não
conseguia me controlar e continuei lendo.

Quando cheguei ao período da Guerra da Independência, o livro forneceu informações detalhadas que se resumiam ao fato de que os
judeus eram massivamente superados em número e não tinham
armas suficientes. Três dos sete exércitos árabes que atacaram Israel
tinham sido treinados pelos ingleses e estavam bem equipados.
De repente eu percebi que para os judeus esta guerra poderia ter sido
facilmente o último passo para a "Solução Final" que Hitler tinha em
mente. Quando eu li que o Estado de Israel nasceu em 1948 sobre a
Guerra da Independência, senti-me cada vez mais emocionalmente
ligado. Eles não poderiam ter ganhado, eu pensei, mas ganharam.
Um grupo de pessoas que apenas três anos atrás tinha perdido dois
terços da sua população na Europa. Eles tinham travado uma guerra
impossível. Sua sobrevivência tinha sido um milagre.

De repente, um pensamento me atingiu: se existe um Deus lá em
cima, e eu estou começando a pensar que existe, Ele deve ter algo a
ver com esses judeus. Eu tenho que descobrir o que eles fazem.

CAPÍTULO 5

O Resgate de Entebbe

Depois de terminar o livro, eu li ele uma segunda vez e comecei a verificar alguns dos fatos históricos que foram mencionados. A maioria deles eram corretos. Então comecei a procurar livros sobre o Holocausto e o começo de Israel como um estado. Eu li todos eles rapidamente. Estava me movimentando em direção a alguma coisa, não sabia qual, mas sentia que algo estava me puxando. Eu sabia que tinha algo a ver com Ele.

No dia 27 de junho de 1976, enquanto dirigia para Vancouver, eu brincava distraidamente com o rádio em busca de alguma música. Geralmente, quando sintonizava uma estação de notícias, eu mexia rapidamente o botão seletor. No entanto, quando eu ouvi a palavra "Israel", ajustei o sinal para obter uma recepção mais clara.
A voz profunda e séria do locutor relatou o sequestro do voo 139 da Air France na rota de Tel Aviv para Paris. O avião tinha sido tomado por terroristas alemães ligados à Organização de Libertação da Palestina. A bordo estavam judeus estrangeiros, israelenses e pessoas de outras nacionalidades. Os reféns foram levados ao Aeroporto de Entebbe, em Uganda, África, e ao chegar os judeus foram separados dos outros.

Algo me assustou. Sentindo-me emocionalmente ligado, eu estava ansioso para saber o que o governo de Israel iria fazer. Os sequestradores exigiram a libertação de um grande número de combatentes da OLP das prisões israelenses em troca da vida dos judeus.
Se as demandas não fossem cumpridas, os sequestradores começariam a matar os reféns em poucas horas. Por quê?, eu me perguntava.

Aeroporto de Entebbe em Uganda.

Por que suas vidas são tão valiosas? De alguma forma os judeus são sempre trocados, mas mais frequentemente são procurados para serem mortos.

Ao longo dos dias seguintes, essa pergunta continuava me irritando enquanto tentava me manter a par das notícias sobre o sequestro. Os judeus estavam sendo mantidos em um quarto separado no aeroporto. Por que estavam separados dos outros passageiros? Seria essa outra "seleção" - uma palavra que abate qualquer sobrevivente do Holocausto - e agora estava sendo usada e implementada por alemães? Escutei que durante as primeiras 24 horas um acordo tinha sido alcançado para dar a Israel alguns dias para decidir. Pelo menos eles tinham algum espaço para respirar.

Dias depois, no dia 4 de julho, enquanto dirigia na rodovia para Vancouver, procurei no rádio uma estação de notícias. Como o prazo dado pelos terroristas estava chegando ao fim, eu estava com medo do que poderia escutar. Ao mesmo tempo me perguntava por que eu estava preocupado, por que sentia empatia e continuava girando o botão até ouvir uma voz. Meu coração pulou quando ouvi gritos, risos e um monte de pessoas falando ao mesmo tempo.
E também cantavam!?

Com uma voz cheia
de emoção, o locutor
tentou descrever a
cena na pista do
Aeroporto Ben
Gurion em Tel Aviv.
Ele foi cercado pelos
judeus resgatados,
que tinham chegado
em segurança a casa
desde Entebbe.

O repórter falou sobre os soldados das FDI e os passageiros que agora
estavam seguros. Tudo o que conseguiu de um dos passageiros foi
uma frase sufocada por lágrimas. Eles foram salvos!
Eu não conseguia acreditar!
Por meio de uma missão incrivelmente complexa e perigosa, Israel
enviou um grupo de soldados de elite para resgatar os seus.
Desta vez, a seleção tinha falhado - os judeus viveram!

É impossível descrever o que me aconteceu naquele momento, mas
foi como se algo tivesse surgido em mim; algo entrou em erupção e
estava tentando encontrar uma saída. Encostei o carro à beira da
estrada e comecei a chorar e depois a soluçar, enquanto no rádio os
aplausos e gritos continuavam. Era tudo tão estranho, tão atípico em
mim.
Por que eu sinto isso por alguém que eu nem conheço?, perguntava-
me. De repente tudo ficou claro para mim e soube com certeza:
Eu tenho que ir e ver aquele lugar, esse tal de Israel!

CAPÍTULO 6

Preparando-me para a Experiência do Kibutz Israelense

Deixar Vancouver foi mais complicado do que eu esperava. Se meu destino era conhecer Israel, como eu ia conseguir isso? O plano básico era passar seis meses em Israel e, em seguida, viajar de mochila o pela Europa. Meu palpite era que isso me levaria um ano inteiro. Considerando o problema de como me manter em Israel, imaginei que teria companhias americanas ou canadenses que necessitassem de pessoas de fala inglesa e que poderiam me oferecer um trabalho.

Em uma carta à Embaixada de Israel em Ottawa, escrevi sobre meus planos de viagem e perguntei se eles tinham uma lista de empresas estrangeiras em Israel. Em duas semanas, eles enviaram uma resposta, incluindo uma lista de cerca de vinte e cinco empresas de Israel que tinham sua sede principal na América do Norte. A carta da Embaixada de Israel parecia tornar os meus planos de viagem mais viáveis e eu estava cada vez mais encorajado. Cuidadosamente, procurei os nomes das empresas e as informações de contato. Na parte inferior da página, notei um endereço de um centro comunitário judaico em Vancouver. Eu não sabia que havia um centro judaico em Vancouver, pensei. Mas por que fico surpreso? Até há algumas semanas eu nem sabia que havia judeus.

O centro comunitário seria um bom lugar para começar já que se encontrava em uma região do centro da cidade que eu conhecia. Naquela manhã, enquanto dirigia para o centro, eu questionava minhas ações. Escrever a carta à embaixada foi uma resposta a um encontro emocional que eu ainda não entendia. O livro Êxodo tinha sido um começo, mas era apenas um livro, uma história bem elaborada que se entrelaçava historicamente com a relação entre um país e um povo. No entanto, fora disso Israel não existia para mim.
O resgate de Entebbe, um pedaço dramático da história recente, me aproximou da realidade. Eu me perguntava o que a minha visita a este lugar traria.

O edifício de dois andares tinha uma grande estrela de Davi sobre a entrada principal. No vestíbulo eu olhei para a lista de escritórios, com seus respectivos andares e números de sala, até que eu presumivelmente encontrei o correto – Departamento de Informação de Israel, sala trinta e sete, segundo andar. Vou pegar as escadas, pensei.
O elevador é muito rápido. Preciso de tempo para pensar. Estou prestes a entrar em contato com uma pessoa real. Desta vez não era um livro, uma transmissão de notícias ou uma carta. Não, desta vez seria de verdade. Eu precisava de tempo para pensar sobre as perguntas que eu iria fazer à pessoa que fosse encontrar lá.

À medida que eu ia subindo, mais nervoso ia ficando e quando cheguei à sala trinta e sete, minha cabeça parecia girar. Sob a placa do Departamento de Israel, havia um cartaz grande que mostrava um vale fértil e bonito que parecia uma colcha de campos perfeitamente costurados um do lado do outro. Cada quadrado tinha uma colheita diferente em uma cor diferente, como se tivesse sido estabelecida uma ordem artística. Ao fundo, havia colinas grandes e ondulantes, como um muro que protegia o vale. 'Hula', li na parte inferior do cartaz. Deve ser um lugar em Israel, pensei. O vale parecia engolir todas as minhas perguntas e acalmar meus nervos. A imagem foi tão maravilhosa e acolhedora!

No entanto, no momento em que entrei no escritório, a sensação de tranquilidade me abandonou. O pequeno quarto tinha apenas espaço suficiente para uma mesa de madeira grande e antiga com cadeiras de madeira igualmente antigas. Sentado em uma delas olhei ao redor, esperando que não houvesse problema de ter entrado sem avisar. Dificilmente se podia ver uma polegada de espaço nas paredes; tinham imagens e lembretes fixados em toda parte. Alguns deles pareciam oficiais e importantes, enquanto outros pareciam velhas listas de compras. A sala bagunçada teve um efeito relaxante em mim. Quando as coisas são muito formais, eu geralmente me sinto ansioso. De alguma forma eu sabia que o fato de eu não ter agendado não importaria muito.

Eu estava esperando fazia uns dez minutos quando a porta atrás da mesa se abriu de repente. Uma mulher jovem entrou com os braços cheios de arquivos e pastas. Quando caiu na sua cadeira, os arquivos pousaram com segurança na mesa e ela soltou um longo suspiro de alívio. Foi então que ela notou que eu estava lá.

"Oi!", disse ela e eu respondi da mesma forma. "Espero que não tenha esperado muito", disse, empurrando os arquivos para um lado. "Estive tentando conseguir esses relatórios por duas semanas".
Eles provavelmente vão se mover da escrivaninha para as paredes em poucos dias, pensei, enquanto acenava com a cabeça e sorria.

"Eu sou Sarah Cohen", se apresentou. "Sou a secretária do *shaliach*, o representante israelense encarregado de ajudar as pessoas da comunidade judaica da região a imigrar para Israel. Somos uma ponte entre a Diáspora e a Terra, Israel".
Sarah foi calorosa e amigável. "Lamento que Motti, o *shaliach,* não esteja aqui hoje, mas talvez eu possa te ajudar. Você tem uma pergunta?"
Eu disse a ela que eu estava interessado em visitar Israel e me perguntava se poderia ficar lá por seis meses. "A Embaixada de Israel me deu uma lista com nomes de empresas", mostrei-lhe a carta. "Você pode me recomendar alguma delas?"
Desconsiderando completamente a minha carta, Sarah disse: "Se você estiver indo por seis meses, então por que não trabalha em um kibutz? Trabalhei em um kibutz neste último verão, você terá um lugar para morar, comida e uma pequena mesada". Sem fazer uma pausa para respirar, ela continuou: "Se você pretende ficar lá por tanto tempo, eles ainda podem oferecer um ulpan, onde metade do dia você aprende hebraico e a outra metade você trabalha. Acho que funcionaria para seis meses!".
- Importa que eu não seja judeu?, perguntei.
Quando Sarah começou a vasculhar os papéis em sua mesa, eu me perguntava se ela não me ouvira até que, com um grande sorriso, tirou um folheto colorido de uma grande pilha de papéis. Continuando a me ignorar, ela leu o folheto e disse: "Não, não tem problema. Eles permitem que dez por cento de não judeus assistam ao *ulpan*, então você está dentro. Aqui, dê uma olhada."

Olhando para as fotos, eu vi homens e mulheres com camisetas, shorts e sandálias e mais fotos dos maravilhosos campos que pareciam colchas. Eu não percebi então o quão bem esse escritório representava Israel: a beleza no meio do caos organizado.

"Você pode ficar com o folheto", disse Sarah sorrindo. "É um milagre que eu tenha encontrado."
Pelo menos, eu pensei, será poupado de ser pendurado de cabeça para baixo na parede. Fiquei feliz em recebê-lo.
Visitar o centro comunitário tinha sido outro grande passo a frente. Parecia haver um ímpeto crescente, como um rio me empurrando em uma determinada direção. Mesmo que eu não entendesse o que estava acontecendo, eu experimentei um profundo silêncio dentro de mim. Foi como se alguém estivesse me dizendo: "Está tudo bem, vai com a corrente".
No entanto havia outras razões pelas quais eu queria deixar Vancouver. Várias vezes eu pedi dinheiro emprestado usando meu velho Datsun como garantia, sem falar para os gerentes de banco sobre meus outros empréstimos. Agora os banqueiros tinham começado a perceber que este carro não poderia ser dividido em pedaços quando eu não fizesse meus pagamentos mensais. Eu sabia que estava em apuros e, além disso, havia a questão da minha carteira de motorista. Eu tinha tantas multas que a polícia queria revogar minha licença. Sabendo que o aviso estaria na minha caixa de correios em breve, tinha que deixar a Colúmbia Britânica e voltar para Ontário antes da carta chegar. Uma vez lá, eu poderia mudar a minha antiga licença para uma nova de Ontário.

Embalei tudo o que eu possuía, que não era muita coisa, e comprei um bilhete de avião de volta para casa. A última coisa que fiz foi colocar as chaves do meu carro em uma pequena caixa que eu enviei para um dos gerentes de banco. Eu não acho que a carta de desculpas que as acompanhavam tenha sido um consolo para ele.

A ideia de retornar a Ontário desencadeou um monte de sentimentos mistos. Por um lado, seria bom ver a minha família e os velhos amigos; mas eu me perguntei: O que eles vão pensar dos meus planos de ir para Israel e trabalhar em um kibutz?

O que vou responder quando eles me perguntem: "Por quê?".

Eu sabia que a maioria dos meus amigos não iria entender se eu honestamente dissesse para eles: "Porque eu estou procurando Deus e eu acho que Ele tem algo a ver com esses judeus".
"Deus? O Holocausto? O começo de Israel como Estado?"
Tudo isso ia surgir sob a forma de perguntas, perguntas que eu não podia responder. Como eu poderia? Eu também não tinha respostas, apenas perguntas. Minha família iria pensar que eu estava louco e com razão.
Eu decidi tornar a vida mais fácil para mim, simplesmente não dizendo nada para eles.

Meu plano era morar com meus pais, conseguir um emprego para ganhar dinheiro e depois, quando eu tivesse meu bilhete, passaporte e todos os formulários necessários preenchidos, só então eu ia deixá-los saber onde eu estava indo. No caso de meus pais surtarem, eu pensei, passaria apenas um curto período de tempo antes de eu sair.
Tudo parecia ir de acordo com o plano: enquanto ficava com meus pais, eu trabalhava em um enorme armazém e fazia o máximo de horas extras possível para poupar dinheiro.

Sarah Cohen me deu o nome do *shaliach* em Toronto, com quem me encontrei em segredo. Achando sempre alguma desculpa para ir para a cidade, Shaul e eu nos encontramos uma vez a cada duas semanas no Centro Judaico Comunitário de Toronto. Lá, eles me entrevistaram, me deram formulários para preencher e até tive que passar por um exame médico. Shaul foi um simpático e prestativo homem que verificou tudo. Ele me aconselhou, me mostrou mapas e me deu outras informações e até me contou sua própria história pessoal.

Depois de alguns meses de viagens secretas a Toronto, tudo o que precisava ser feito estava terminado: os papéis foram coletados e todos os formulários necessários preenchidos e enviados para o escritório central nos EUA e vários kibutzim diferentes. A única coisa que eu agora tinha que fazer era esperar até Shaul me informar qual kibutz tinha me aceitado e quando poderia ir.

Até o final de novembro eu tinha trabalhado constantemente por cerca de três meses. A fim de poupar tempo e dinheiro, eu estava indo trabalhar numa bicicleta de dez velocidades, mas agora o inverno estava chegando e o percurso estava ficando muito frio.
Todo esse tempo meus pais tinham sido ótimos e era como se estivéssemos nos tornando amigos. Tivemos longas conversas juntos, algo que nunca tinha acontecido antes. Eu gostei dos bons meses que passamos juntos. Tenho certeza de que eles queriam perguntar o que estava acontecendo comigo, mas provavelmente eles ficaram com medo de estragar nosso relacionamento se chamassem muito a atenção para a mudança.

Eles não estavam acostumados a me ver tão sério e concentrado. Eu não saía muito com meus amigos, não estava ficando bêbado ou chapado, nem mesmo nos fins de semana.
Eles perceberam que eu estava menos temperamental e insultava menos, que eu tinha mudado de alguma forma. Eu sentia que eles me tratavam como se fosse uma borboleta rara: no momento em que você chega perto demais para dar uma boa olhada, voa para longe, para nunca mais voltar. Então, meus pais gostaram do novo Rick, mas mantiveram distância, até que sua curiosidade não pode mais ser contida.

Em um determinado domingo, eu tinha planejado fazer o turno da noite para obter mais horas extras, mas não deu certo. Em vez disso, após o jantar, meus pais e eu fomos para a sala de estar onde nos sentamos em cadeiras confortáveis. Como nenhum de nós tinha que sair nem fazer nada em particular, começamos a falar de coisas gerais como a política local, uma possível greve na General Motors e o tempo. Perguntamo-nos se o inverno chegaria mais cedo.

"Estou surpreso de você continuar andando de bicicleta nesses dias frios", disse meu pai. "É melhor você começar a pensar em comprar um carro para o inverno."
Para um espectador, isso pode ter parecido uma conversa canadense normal sobre o tempo, mas eu sabia que havia mais do que isso. Senti que meus pais estavam sondando, era um desejo indireto de saber mais, de chegar a uma conversa mais pessoal.

Chegara a hora de revelar meu segredo. "Não vou precisar de um carro, pai, porque não pretendo estar aqui quando o inverno chegar." Ao cruzar esta linha, eu dei a meu pai uma oportunidade que ele não deixou passar. "Sua mãe e eu percebemos que você tinha algum plano de viagem. Aonde você planeja ir?"

Agora ele me pegou, porque eu fui forçado a dar uma resposta direta e reveladora. Instantaneamente a cadeira aconchegante pareceu menos confortável, até que eu percebi que sua pergunta não era uma armadilha. Era mais um 'querer saber' de amigos, dois confidentes para quem poderia confiar informações privadas que eu não sabia como comunicar. Eu sabia que, embora meus pais não entendessem, eles iriam escutar sem me atacar.

Respirando fundo, eu soltei: "Eu vou para Israel para trabalhar em um kibutz!" Fiquei surpreso de ter conseguido falar de forma tão direta.

"Um 'ki' o quê?", exclamou meu pai.

Um pesado silêncio desceu sobre a sala e parecia que todos contínhamos a respiração.

Meu pai quebrou o silêncio com um comentário surpreendente: "Uau! Você vai realmente aprender muito de uma viagem como esta." Superficialmente, isso parecia uma resposta simples, mas depois descobri que sua reação tinha sido profundamente profética. Claro que agora eles queriam saber tudo, então eu falei sobre o *shaliach* israelense e o processo de aplicação em Toronto. Além de dar uma estimativa aproximada sobre quando eu iria partir, eu não disse mais nada porque eles já tinham recebido bastantes notícias chocantes para um dia. Como explicar os meus outros sentimentos a respeito de Deus, do Holocausto e do meu interesse pelo início da história de Israel? Não, eu decidi. Eles já tiveram o suficiente por enquanto, poderei lidar com cada pergunta quando ela vier.

CAPÍTULO 7

Dizendo Adeus

Mais tarde, naquela semana, Shaul me informou sobre um kibutz que me aceitara. Esperavam que começasse o *ulpan* em meados de janeiro. Isso era daqui a um mês e meio!
O ritmo da viagem em direção a Israel tinha começado como uma caminhada suave, mas agora eu sentia como se estivesse correndo. Eu realmente sei o que estou fazendo? Esta era a pergunta que se repetia.
Todas as coisas estranhas que eu tinha feito este ano aconteceram em meu próprio país, mas meus próximos passos seriam tomados em um país do qual eu só tinha lido ou ouvido falar por outros que haviam estado lá.

Sentindo-me assustado e animado ao mesmo tempo, procurei manter a calma e não mostrar meus sentimentos. Até então, a notícia de meus planos de viagem tinha circulado entre familiares e amigos. Durante as despedidas, gradualmente fui sabendo dos sentimentos encontrados e do que eles realmente pensavam dos meus planos.
"Eu não entendo como você pode pôr em perigo a sua vida!", foi a reação mais comum. "Há muitos lugares mais seguros onde você pode ir. Por que Israel?"
"Se você está procurando uma boa causa para lutar, por que não ajuda os índios nas reservas do Norte de Ontário?"
"Por que os Hebreus? Você receberá uma viagem de volta em um caixão."

Felizmente, meus pais, que pareciam entender por que eu tinha que ir, me encorajavam de maneira gentil e quando minha irmã e cunhado, preocupados, perceberam que eu não ia mudar de ideia, decidiram "esperar e ver".
Com o passar do tempo, Shaul, o *shaliach* e eu nos tornamos amigos.

Depois que ele soube que eu não era judeu, sua resposta foi: "Israel é para você também, você é bem-vindo". Eu gostava dele porque ele tinha uma maneira direta de falar e foi sempre ao ponto.

Muitos ocidentais iriam achar isso rude, mas eu gostava de seu 'nervosismo'. Ser direto e honesto não deixou espaço para adivinhar o que ele realmente queria dizer.

Minha última viagem ao centro comunitário foi para me despedir de Shaul e agradecer-lhe por toda a sua ajuda. Nos demos um aperto de mãos e quando eu me virei para sair ele disse: "Rick, eu sei que você está interessado no Holocausto. Há um filme que é baseado em uma história verdadeira daquele período. Está em cartaz em uma sala de Danforth, no centro da cidade."

Esta era uma área de Toronto a cerca de dez estações de metrô do centro comunitário, mas eu tinha planejado ir para casa, assistir televisão e ir para a cama cedo, a fim de estar bem-disposto para o trabalho. Esta tinha sido a minha rotina durante os últimos três meses e eu ainda tinha mais um mês pela frente antes de ir embora. Então, o que fazer com esse filme que Shaul tinha mencionado? Eu não vou ver um filme sozinho, pensei.

No entanto, hoje tinha sido um dia especial. Eu tinha todos os papéis necessários, os nomes das pessoas de contato no kibutz, até mesmo informações de como chegar e os números dos ônibus que tinha que pegar no aeroporto de Israel. Sendo atribuído ao Kibutz Ramat Hako-vesh, que significava 'Colina do Conquistador', senti como se tivesse conquistado algo, mas não tinha certeza do que. Desci na estação de metro de Danforth e decidi celebrar fazendo algo diferente: depois de pegar um hambúrguer rápido eu ia ver o filme, sozinho.

Caminhando pela rua observei um cartaz luminoso grande que dizia: "Cinema da Rua Pape apresenta: O Lugar Escondido". Como este era o único cinema nessa área de Danforth, achei que tinha de ser o lugar certo. Shaul não sabia o título do filme, só que tinha algo a ver com o Holocausto. Na entrada do teatro havia um cartaz anunciando o filme com uma foto de soldados alemães empurrando as pessoas para um caminhão. No fundo, havia uma grande suástica.

Durante a meia hora anterior à próxima apresentação, as imagens do cartaz continuaram a girar pela minha cabeça enquanto comia meu hambúrguer com batatas fritas.

Depois da leitura de Êxodo, li mais livros sobre o Holocausto, como o QB7, também de Leon Uris e Mila 18. Para alguém que nunca tinha lido realmente um livro antes, os livros de Leon Uris abriram um novo mundo diante de mim. Esses livros me ajudaram a entender que o Holocausto tinha sido uma 'porta' terrível para os judeus. Entrar nessa porta deu origem ao Estado de Israel. De alguma forma, este Deus, quem quer que Ele fosse, fez isto acontecer. De alguma forma Ele estava envolvido.

Perguntando-me se este filme iria me mostrar algo mais sobre esta porta terrível, comprei meu ingresso e entrei na sala bem na hora em que o filme estava prestes a começar. Ainda me sentia um pouco estranho por estar lá sozinho, mas o sentimento rapidamente passou. A história de O Lugar Escondido acontecia na Holanda ocupada pelos nazistas, durante a Segunda Guerra Mundial. Primeiramente focalizava um pai idoso e suas duas filhas solteiras de meia-idade. Esses cristãos devotos viram sua fé entrelaçada com os judeus e suas lutas durante a guerra. O pai Ten Boom, Corrie e Betsy entendiam que se alinhando com os judeus, eles colocavam em perigo suas próprias vidas junto com tudo o que possuíam.

Apesar dos riscos envolvidos, eles criaram um esconderijo para os judeus em sua casa, não por causa de uma arrogante superioridade religiosa, mas porque sentiram que era um privilégio fazê-lo. Apesar de suas diferenças, eles acreditavam que judeus e cristãos deviam permanecer juntos. Mais tarde, eu também aprendi que houve muitos judeus presos em situações de vida ou morte, mas muito poucos cristãos sentiram que tinham a responsabilidade de ajudá-los. Essas três pessoas, que estavam escondendo judeus, foram traídas e presas pela Gestapo. Felizmente, quando a família Ten Boom foi presa, os judeus que permaneciam escondidos não foram encontrados e mais tarde conseguiram escapar.

O pai Ten Boom morreu na prisão e as duas irmãs foram enviadas para um campo de concentração onde sofreram o mesmo inferno que tinha sido criado para os judeus.

Betsy não sobreviveu o suplício; milagrosamente, Corrie foi libertada. Essas três pessoas haviam praticado sua fé dando suas vidas pelos judeus, não com palavras piedosas, mas com ações. Comparados com a 'adormecida' maioria cristã que os rodeava, os Ten Booms pareceram agir quase sozinhos.

Eu nunca vou esquecer uma cena particular no filme. Um pastor tentou avisar a família, convencê-los a parar de ajudar os judeus. O padre Tem Boom argumentou: "Os judeus são o povo escolhido, a menina dos olhos de Deus!"

"Eles são os que mataram Cristo!", exclamou o pastor. Naquele momento, uma das irmãs entrou na sala segurando um bebê judeu envolto em um maço de roupas. Percebendo a presença do pastor, ela exclamou: "Oh, Pastor! Você é uma resposta às nossas orações. Você vive no campo. Este bebê estaria seguro com você!" O pastor se recusou a ajudar o bebê usando a desculpa de que a criança poderia pôr em perigo sua vida e a de sua família. "Além disso, os cristãos devem obedecer à lei", afirmou. Às pressas, saiu da casa.

"Como pode esse homem se chamar cristão?", exclamou Corrie.

"Encontrar um rato no pote não faz dele um biscoito", respondeu o pai.

Depois de ver o filme eu pensei: de alguma forma, somos definidos por nossas ações e não por nossos títulos religiosos. Mesmo que meus pais me levaram para a igreja quando eu era jovem, eu não sabia muito sobre o cristianismo, muito menos a denominação à qual pertencíamos.

Participar dos serviços tinha sido um teste de resistência que reprovei na maioria das vezes. Mesmo sendo uma criança, eu era capaz de discernir o profundo nível de tédio nos rostos dos adultos e sabia que eles também estavam tentando 'se comportar'. Dentro do cristianismo parecia haver um desejo de ser bom em um sentido religioso e não devido a um relacionamento. A única ação que eu vi na religião exigia assistir a um serviço em um determinado dia e não participar de uma ação que poderia custar-lhe a vida.

O filme mencionou: "a menina dos olhos de Deus", "o Povo Escolhido"
e "assassinos de Cristo". Na medida em que eu começava a entender
mais sobre o Holocausto, aprendi que o mundo europeu tinha se
concentrado principalmente nessa terceira definição dos judeus:
"Assassinos de Cristo".

No caminho de volta a casa, todos esses pensamentos passaram pelo
meu cérebro cansado. Os judeus, o Holocausto e Israel - tudo tinha
tantos aspectos e cada área adicional que me foi apresentada parecia
criar mais perguntas. Finalmente, no final deste longo dia, a única
pergunta com a que eu poderia lidar era: "Quanto tempo falta para
que eu possa colocar a cabeça no meu travesseiro?".

CAPÍTULO 8

O Último Natal em Casa

Durante meu último mês de trabalho, pareceu que aqueles que sabiam que eu ia para Israel ficaram mais ansiosos. Como era a época de Natal, eu encontrei um monte de família e amigos e percebi que as pessoas ficavam me olhando por mais tempo do que o normal. Eles provavelmente acham que esta será a última vez que vão me ver vivo, eu pensei. Eles estão tentando imprimir meu rosto em sua memória. Muitos provavelmente também esperavam que eu mudasse de ideia no último minuto e 'ajudasse os índios' em vez de partir para essa louca ideia de Israel.

O meu voo foi no dia 7 de Janeiro de 1977. Sozinho no meu quarto, muitas vezes verifiquei e verifiquei novamente o meu bilhete de avião e o meu passaporte, nem que fosse só para olhar para eles. Na terça-feira à tarde, a British Airways me levaria para Londres, na quarta-feira de manhã, depois de uma parada de três horas, eu pegaria o voo para Tel Aviv.

Celebrar o Natal foi uma boa distração para mim. Sempre foi um dos meus feriados favoritos, em que contávamos histórias, comprávamos presentes e falávamos sobre qualquer coisa.
Uma vez que as festas de Ano Novo ficaram para trás e todos se recuperaram de beber tanto álcool, os dias pareciam passar rapidamente. A aproximação da data da minha partida me deu momentos de ansiedade, mas geralmente eu estava calmo, experimentando uma profunda paz interior.

O humor da minha família e amigos, no entanto, estava ficando cada vez mais sombrio. "Nós vamos ao aeroporto para nos despedir!", disseram-me meus amigos e alguns membros da família. Por dentro eu suspirava, porque preferia que só meus pais e a minha irmã fossem se despedir. Este seria meu primeiro voo internacional e eu tinha que me concentrar no que eu fosse fazer no aeroporto.

Na melhor das hipóteses, eu não gostava de multidões e menos ainda quando me tornava o centro das atenções da plateia, especialmente quando o grupo agia como se eu estivesse organizando meu próprio funeral. Essa seria a parte pesada; paradoxalmente, a viagem para Israel seria a parte mais fácil.

Um dos meus presentes de Natal tinha sido uma mochila nova. Na noite anterior à minha partida eu verifiquei cada bolso para ver se estava levando tudo o que eu pensei que precisaria para o próximo ano. Minha bagagem tinha alguns itens que eu precisaria usar durante o longo voo, como o caderno de capa dura que minha tia me dera como presente. Desde que eu me lembro, sempre fui capaz de desenhar bem e a minha querida tia era minha maior líder de torcida. Eu vou aproveitar este caderno, pensei. Certamente haverá um monte de modelos desavisados nesta viagem.

Naquela noite eu não dormi bem. Ambos os meus pais tinham tomado o dia de folga. Por isso, passamos muito tempo juntos na manhã seguinte. Minha mãe me fez um enorme café-da-manhã e um elaborado almoço, portanto, na hora em que entrei no carro, eu estava tão satisfeito que não teria que comer nada durante o voo. Ela provavelmente fez isso de propósito: para que eu me lembrasse de casa por mais um pouco.

CAPÍTULO 9

O Drama do Aeroporto

À medida que nos aproximávamos do aeroporto, a atmosfera do carro ia ficando mais pesada. Nós tentamos conversar um pouco no início, mas o silêncio tinha se instalado quando chegamos lá. Fiquei aliviado de sair do carro.

A pequena multidão esperando no setor partidas parecia feliz em me ver. Eu gostaria de ter dito o mesmo em relação a eles. Sentia seus olhos nas minhas costas enquanto fazia o check-in e todos os olhares foram para o chão quando deixei cair meu passaporte. Cercado, procurei ansiosamente o portão direito e, ao mesmo tempo, acenei para as pessoas bem intencionadas que me davam um último conselho ou advertência. Uma vez que tivesse passado pela grande porta de vidro em direção ao controle de passaportes e os portões de embarque, teria chegado a um ponto sem retorno. Eu ansiava por estar sozinho, onde ninguém me prestasse atenção. Juntamente com os meus companheiros de viagem, eu queria entrar nesse lugar de absorção pacífica.

Quase lá! Parado na frente das portas de vidro, eu me virei para olhar para meus amigos e família que estavam em pé formando um semicírculo. Agora vinha o último obstáculo, o mais difícil, quando todos esperam desconfortavelmente para o último aperto de mão, a última palavra, uma piada final e o último soco no ombro.

Finalmente, fiquei na frente da última pessoa - minha mãe. Eu nunca vou esquecer o jeito que ela olhou para mim. Sem dizer uma palavra, minha mãe comunicou tudo o que ela queria me dizer através de seu olhar. Colocando meu rosto em suas mãos, ela então me abraçou tão forte que quase doeu. Enquanto os dois tentávamos ser muito corajosos, ela pegou de sua bolsa um pequeno livro e o pressionou na minha mão.

Sem olhar, eu o coloquei dentro da minha bagagem. Outro abraço. Olhamo-nos profundamente uma última vez e assentimos sem dizer nada. Esta foi uma das conversas mais profundas e sem palavras que já tive com minha mãe.

"Tchau todo mundo!", acenei. "Eu prometo escrever!" Rapidamente fui para as portas, ainda sentindo seus olhos, mas também uma sensação de alívio. Mais alguns passos e estaria fora de vista. Sozinho. Finalmente.

Foi um alívio poder relaxar em uma das cadeiras após a penosa experiência de dizer adeus. Agora eu poderia me permitir ficar entusiasmado com a viagem desconhecida à minha frente. Enquanto esperava para embarcar no avião sabia que não teria tempo suficiente para desenhar, então decidi vasculhar na minha mochila procurando algo para comer. De repente toquei no pequeno livro que minha mãe me dera. Lembrando o olhar em seu rosto no momento em que ela me deu, eu demorei alguns segundos antes de tirá-lo.

"Um Novo Testamento?", eu pensei. O que é isso? Eu quase ri quando pensei o que minha mãe tinha tentado me dizer me dando isso.

"Você está prestes a conhecer seu Criador. Nós pensamos que Ele pode ter algo a ver com este livro, então é melhor você verificar isso."

Todo mundo foi longe demais com a sua preocupação, eu pensei. Se alguém me vir lendo isto, vai achar que sou um louco religioso. Era hora de embarcar no avião. "O que fazer neste voo de nove horas para Londres?", eu me perguntava e comecei tirando os petiscos da minha bolsa. Novamente, minha mão tocou o Novo Testamento. Eu puxei para fora. Cuidadosamente, eu virei-o em minha mão e notei que o pequeno livro parecia usado e seus cantos estavam danificados. Como não tinha ninguém sentado ao meu lado tive a coragem de folheá-lo. Vou apenas dar uma olhada, eu disse para mim mesmo e realmente estava curioso.

Quando comecei a ler pequenas porções sobre Jesus e algumas das coisas que Ele tinha dito e feito, eu me senti atraído por Ele de uma maneira estranha.

A experiência foi semelhante a quando eu tinha lido pela primeira vez
Êxodo, mas desta vez não era sobre um país ou um povo, era sobre
um homem.
Senti-me atraído por esta pessoa, por Suas palavras, Suas ações, atôni-
to pelo modo como Seus amigos registraram Seu caráter. Ele tinha
autoridade, mas ao mesmo tempo Ele era gentil e o fato de que Ele
fosse sempre acessível me surpreendeu. Desejando saber mais sobre
Ele, fiquei feliz por ter todas aquelas horas pela frente para ler.
Minha primeira reação foi: Isso não é real, eu estou apenas lendo um
pouco de história! No entanto, eu sentia que as palavras que Ele tinha
falado então também eram presente, que tinham algo muito 'atual'.
Quando jovem, aprendi coisas sobre Jesus na igreja, mas o que eu li
agora era totalmente novo para mim. Novamente, outro mistério me
confrontou, provocando mais perguntas que eu tinha que examinar.
Já encontrei muitas personalidades e mistérios novos: Israel, o
Holocausto, os judeus e agora este Jesus - tudo parecia estar entrelaçado. De alguma forma eu sabia que tudo isso estaria me esperando
em Israel.

Olhar para trás nos últimos trinta anos pode ser comparado com olhar
para um amplo horizonte, procurando indicadores que possam explicar como eu cheguei ao ponto onde estou agora. Nesta jornada, dois
faróis destacam-se claramente: o livro Êxodo e a Bíblia. Ambos velhos
e quase esquecidos, eles entraram na minha vida em um momento
decisivo e crucial.
A 'personalidade' do Holocausto emergindo do livro Êxodo cruzou
com a personalidade de Jesus, emergindo das páginas do Novo Testamento.

Eu estava indo para o único país do mundo que tão proeminentemen-
te abrigou a lembrança dessas duas figuras na história. No entanto, eu
ainda não estava preparado para o conflito existente entre ambas.
Ainda assim, depois de todos esses anos, fico surpreso com a forma
como Deus moldou as circunstâncias de uma maneira tão maravilhosa.

CAPÍTULO 10

Bem-vindo a Israel!

Durante a escala de três horas em Londres, tirei meu caderno de esboços e comecei a procurar modelos desavisados. Tudo era novo para mim e notei que o aeroporto estava cheio de pessoas correndo de um lugar para outro. Entre os viajantes que tinham um tempo de espera, havia muitos possíveis modelos. Eu peguei pessoas em posições engraçadas, especialmente quando cochilavam nas desconfortáveis cadeiras de plástico do aeroporto. Eles estrelaram alguns esboços bastante interessantes que consegui fazer.

O passageiro sentado ao meu lado durante o voo de quatro horas de Londres para Tel Aviv era um rapaz de cabelos longos e barba. Exceto pelo fato de que ele vinha de Londres e falava com um sotaque de Cockney (região de Londres), poderíamos ter sido irmãos gêmeos. Ele falou durante quase todo o voo. Consegui responder com uma palavra ou com um aceno de cabeça na hora certa, mas tive dificuldade em entendê-lo. Alguém brincou uma vez que os britânicos e os norte-americanos eram dois grupos de pessoas separados pela mesma língua.

Do meu assento da janela vi aparecer a costa de Israel e logo depois estávamos voando sobre a maior cidade do país, Tel Aviv. O panorama que se desenrolava na minha frente me emocionou, mas ao mesmo tempo me perguntei: Como vou chegar ao meu kibutz?

"Como chego a Ramat Hakovesh?", perguntei à moça do balcão de informações. "Quanto custa chegar lá de táxi?"

Eu estava cansado para caramba e decidi me fazer um agrado tomando um táxi.

Tendo sido eu mesmo um motorista de táxi, eu sabia que era importante conhecer os preços locais para que eles não pudessem tirar proveito de um turista cansado e novo no país.

Depois de negociar minha corrida com um dos clamorosos motoristas que esperavam fora do aeroporto, eu estava de saída.

Aeroporto Ben Gurion - Tel Aviv.

Durante a hora de viagem até Ramat Hakovesh, fiquei satisfeito ao descobrir que as estradas estavam pavimentadas e que tudo era mais moderno do que eu esperava.

Enquanto atravessávamos as pequenas cidades, eu tentei encontrar algo familiar entre todas as novidades. A única coisa que notei foi que os telhados eram planos e que cada um tinha um refletor de vidro retangular ao lado de um reservatório de metal grande e redondo. Logo aprendi que essas unidades eram aquecedores solares de água. A maioria dos edifícios foi construída com pedras ou com blocos de concreto derramado; apenas alguns deles tinham telhados vermelhos, feitos de telhas cerâmicas. Depois vieram os pomares de cítricos, cheios de frutos coloridos e delimitados por árvores de cedro altas e empoeiradas que pareciam sentinelas.

'Kfar Saba', dizia a placa da estrada em hebraico e em inglês. Eu sabia que esta era a última cidade que passaria antes de chegar em Ramat Hakovesh. Na medida em que nos acercávamos, vi vastos pomares ao longo de campos arados, estendendo-se até o horizonte, de ambos os lados da estrada.

Entrando pelo portão elétrico do kibutz, vi longos e estreitos edifícios de um único andar separados por belos gramados verdes com árvores.

"Shalom, boa sorte!", disse o motorista depois que eu paguei e saí do taxi. Por um momento fiquei lá sozinho.

No caminho para um dos prédios, uma mulher apareceu de repente. Com um forte sotaque israelense, ela disse: "Você parece novo".

"Eu sou."

"Shalom! Eu sou Beila", ela disse, "a coordenadora voluntária". Ela me convidou para seu escritório improvisado em um dos prédios, perguntou meu nome e pediu meu passaporte. "Senta." Sem perguntar se eu queria café, ela me entregou um copo, fazendo-me sentir muito bem-vindo.

Kibutz Ramat haKovesh.

Beila me levou para o quarto que eu devia dividir com outros dois
voluntários. Paul era um judeu de Nova York de 25 anos de idade,
calmo e melancólico, que fumava sem parar. Ian, por outro lado, era
um amistoso judeu sul-africano. Este cara charmoso fazia um verdadeiro sucesso com as meninas. O quarto tinha exatamente o comprimento de duas camas de solteiro colocadas uma após a outra. Ao lado
da cama de Paul havia uma mesa quadrada de madeira compensada
de três pés e nosso armário comunitário ficava do outro lado da cama
de Ian, que parecia o local de um desastre natural. Eu me perguntava
como ele conseguia encontrar espaço suficiente para dormir entre
todas aquelas roupas sujas empilhadas ao lado dele.
O canto de Paul era sempre de uma limpeza imaculada, quase assusta-
dora, enquanto o meu estava no meio termo. Como minha cama estava ao lado da porta, eu não podia espalhar muito as minhas coisas
porque bloqueariam a entrada.
Eu me aclimatei ao meu entorno nos poucos dias anteriores ao início
do *ulpan*, o curso de hebraico que duraria seis meses. Havia cerca de
trinta alunos no curso para iniciantes, *kitah alef*, e vinte estudantes
mais avançados em *kitah beth*. Minha primeira semana foi preenchida
com estranhas palavras novas. Aprender o alfabeto me fez sentir
como uma criança novamente. Era a única maneira de sobreviver a
uma nova linguagem.

Meus colegas eram de uns dez países diferentes. Alguns tinham sido
pressionados por suas famílias a se voluntariar em um kibutz, outros
vieram por causa das expectativas da comunidade e alguns estavam
procurando uma aventura antes de tomar qualquer decisão séria na
vida. Considerar Israel como um futuro possível era um denominador
comum para todos eles. O outro gentio da minha classe era um japo-
nês que tinha 'fugido' da universidade no Japão para viajar pelo
Oriente Médio.

A atmosfera na classe sempre esteve carregada de diferenças cultu-
rais, acompanhadas de desejos flutuantes de aprender ou não aprender a língua. A interação me fascinou. Mesmo que eu estivesse procurando Deus, eu gostei da oportunidade de estar entre todas essas
personalidades diferentes.

CAPÍTULO 11

Perdido e Achado em Haifa

No final de nossa primeira semana de *ulpan*, todos aguardávamos com expectativa o nosso primeiro *Shabat* em Israel. A aula terminou cedo na sexta-feira para dar-nos a possibilidade de viajar para outro lugar antes que os ônibus parassem de funcionar. Na noite de sábado (fim do *Shabat*), quando o transporte público voltava a funcionar, devíamos voltar para o kibutz para trabalhar e assistir à aula de domingo, o dia de início de uma nova semana em Israel.

Como uma forma de nos encorajar a exercitar o hebraico, o professor perguntou a cada um dos alunos o que estávamos planejando fazer no nosso dia de folga. Felizmente, havia alguns colegas à minha frente, então havia tempo para ensaiar minha primeira declaração pública em hebraico. Isso me deixava nervoso e eu já estava me sentindo envergonhado. "*Ani nosa'ah laYerushlayim*", repeti reiteradamente em minha mente ("Eu vou para Jerusalém"). Quando chegou a minha vez, diferentes cidades e povoados tinham sido mencionados como destinos. De rosto vermelho e transpirando, consegui dizer as palavras certas. Depois sentei e escutei as nervosas tentativas dos outros.

A última foi uma moça de Nova York que disse: "*Ani nosa'at la Haifa.*" ("Eu estou viajando para Haifa"). Então, sem nenhuma razão, ela falou: "Rick! Alguns de nós vamos pegar uma van para Haifa. Quer se juntar a nós? Só resta um assento."
Foi um pedido estranho, especialmente depois que eu tinha acabado de dizer à turma que eu estava indo para Jerusalém. No entanto, esta garota, que eu não conhecia bem, agora estava me oferecendo uma carona para Haifa. Talvez Ele queira que eu vá para Haifa, pensei.
De qualquer forma eu iria para Haifa algum dia, então por que não agora?

"Claro que vou junto", eu respondi.

Haifa é uma cidade portuária no Mediterrâneo, com a cordilheira do Carmelo começando quase no litoral e dividindo a cidade em duas partes: a parte baixa de 'Hadar' e a parte alta de 'Carmelo'. Chegamos à cidade no início da noite de sexta-feira, já estava escuro e chovia levemente. Que bom que estou usando meu casaco de inverno, pensei. O casaco verde do exército tinha um capuz grande e pelo menos dez bolsos grandes; alguns eu tinha enchido com pão e legumes do kibutz. Janeiro em Israel é frequentemente frio e úmido – 'frio' é um termo relativo para um canadense, já que o frio israelita está entre 40 e 50 graus Fahrenheit (5-10 graus Celsius).

O motorista parou a van em frente à estação central de ônibus e eu saí pensando que os outros se juntariam a mim. Para minha surpresa, a porta se fechou e a van partiu! Todos os lugares que eu conseguia ver estavam molhados e escuros, com exceção das luzes da cidade no alto, distantes. Não havia quase nenhum tráfego e me senti completamente sozinho. É melhor eu pegar um mapa da cidade, mas onde?, eu pensei nervosamente.

Atravessando rapidamente a rua a caminho da estação de ônibus, consegui chegar a tempo de comprar um mapa em uma banca de jornal que já estava fechando.

"Que ônibus eu pego para ir para a cidade?", eu perguntei ao proprietário.

"É *Shabat,* não há ônibus", disse ele.

"Você sabe se há algum albergue da juventude nas proximidades?"

"Não", foi tudo o que ele disse antes de se afastar rapidamente.

"O que vou fazer agora?", eu me perguntava. Pelo menos eu tenho um mapa e sempre da para achar um parque para dormir. Eu pensei como um canadense - imaginando parques com gramados suaves e árvores grandes o suficiente para proteger uma pessoa da chuva. Logo, eu percebi que isso não era possível no inverno de Haifa. Permaneci no cruzamento enquanto me debatia sobre qual direção escolher. Eu disse suavemente: "Eu pensei que você queria que eu viesse aqui. Bem, aqui estou eu. E agora o quê? Qual caminho eu pego?". Nada dramático aconteceu.

Vou virar à direita e ir para a parte alta da cidade, pensei. Sou turista.
Assim, eu poderei dar uma olhada nas luzes da cidade.
Caminhando na direção do alto Carmelo, parei um dos poucos táxis
que havia para perguntar ao motorista: "Você conhece algum albergue aqui perto?".

"Sim, temos um albergue do governo fora da cidade", respondeu o homem. "Eu ficarei feliz em levar você, mas como é *Shabat* o
preço é o triplo da tarifa normal", alertou.
Incapaz de pagar a corrida percorri ruas cheias de altos prédios de
apartamentos. Até então, todas as lojas já estavam fechadas.

Finalmente cheguei ao topo da cordilheira, onde havia vários parques
pequenos, lojas chiques e uma fileira de hotéis caros.
Sentei-me num banco com vista para a baía de Haifa. Na costa distante, mesmo as refinarias de petróleo cintilavam. Embora estivesse
aproveitando a vista, eu ainda não tinha um lugar para dormir e estava ficando tarde. Meu casaco estava molhado e pesado da chuva.

"Eu pensei que você queria que eu viesse", eu disse de novo.
"Aqui estou eu, sem um lugar para ficar e sem saber onde estou."
Não era uma oração, era mais uma afirmação. Não sabendo o que
mais fazer, eu decidi voltar para a cidade mais baixa.
No meu caminho eu bati em um pedestre que falava inglês, então eu
lhe perguntei se conhecia algum albergue na região.

Ele não conhecia nenhum nessa zona, mas sugeriu: "Tem a Casa dos Marinheiros Escandinavos um pouco mais pra frente. Finja que você é um marinheiro e talvez eles lhe deem um quarto para passar a noite." Desesperado, eu estava disposto a fazer qualquer coisa. Seguindo as instruções do homem, dez minutos depois eu toquei o sino da Casa dos Marinheiros e contei à senhora sobre minha situação.

"Não, desculpe, você não pode ficar aqui", ela me disse. Quando eu estava a ponto de ir embora, ela me chamou de volta. "Espere, há um casal americano que mora do outro lado da rua que acolhe pessoas que procuram um lugar para passar a noite."
Mesmo que isso soasse um pouco estranho para mim, eu estava disposto a dar-lhe uma chance e toquei a campainha no portão de ferro do prédio de dois andares.
Ninguém respondeu. De repente, notei uma pequena nota em inglês: "Quando não atendermos nesta porta, use a porta lateral".
Depois de tocar a campainha na porta lateral, uma mulher de meia idade abriu.

"É verdade que você acolhe pessoas que necessitam de um lugar para passar a noite?", eu perguntei, sentindo-me pouco a vontade.

"Claro! Você precisa de uma cama?"
Surpreso por sua simpatia, eu murmurei: "Sim, por favor. Se isso for possível."

"Entre, mas temos uma reunião em andamento agora."
Entrei antes que ela pudesse se arrepender.

O que ela quer dizer com uma 'reunião'? Eu não tinha ideia e não me importava enquanto eu estivesse fora do frio e em um quarto quente e seco.
Tomando meu casaco encharcado, a mulher me deu uma toalha para secar o meu rosto e me trouxe para a sala que estava cheia de pessoas.
Era estranho ver todos esses jovens e pessoas mais idosas lá. Alguém pegou um violão, outro anunciou o número de folha da música e todos se juntaram ao canto. Sentindo-me estranho, eu simplesmente escutei a melodia pacífica enquanto lia as palavras no papel que eu

recebi. Todas as canções eram sobre Jesus; era como se eles estivessem conversando com Ele através da música.

Talvez tenha sido Ele quem me levou a Haifa. Talvez todas essas coisas estranhas tivessem acontecido para eu sentar aqui esta noite. O pensamento me chocou. Mesmo que eu não conhecesse ninguém nesta sala, eu sentia como se eu pertencesse.

Depois que o canto terminou, um homem se apresentou como Wilbur.

"Essa é a minha esposa, Betty." Ele apontou para a mulher que me convidou para entrar.

"Obrigado por terem vindo", disse Wilbur. "Eu gostaria de dar um breve ensinamento do Novo Testamento."

Fiquei atraído, pois eu estava familiarizado com o Novo Testamento depois da minha leitura no avião. Não é por acaso que eu vim a este lugar, comecei a perceber. O mesmo Deus que eu estava tentando encontrar estava começando a ser encontrado - incrível! Depois que Wilbur terminou de falar, orou e fechou a reunião. Algumas meninas que trabalhavam como voluntárias tinham preparado alguns petiscos e bebidas. Começamos a misturar-nos e a conversar. A conversa foi casual e todos foram afetuosos e amigáveis.

Mais tarde naquela noite, Betty me entregou um jogo de cama com um cobertor e me mostrou onde eu poderia dormir. O quarto parecia um albergue com beliches.

"Tomamos café da manhã às oito da manhã", disse Betty.

Na manhã do *Shabat*, juntei-me aos outros hóspedes na longa mesa da sala de jantar, mas antes que pudéssemos começar nosso simples café da manhã, eles cantaram uma canção. Foi como uma bênção sobre a comida e me tocou profundamente. Por tantos anos eu não tinha estado acordado a esta hora em um sábado de manhã. Minha hora habitual de acordar era depois de meio-dia, acompanhado por uma dor de cabeça horrível e memórias turvas da noite anterior. Estar acordado tão cedo e cantando uma bênção sobre a minha comida era estranho para mim. No entanto, eu realmente gostei.

CAPÍTULO 12

Conhecendo Arthur Blessitt

A partir desse momento eu viajei regularmente para Haifa os fins de semana para ficar no albergue da rua Hagefen. Foi maravilhoso conhecer as pessoas e ouvir suas histórias ou testemunhos de como tinham chegado à fé em Jesus.

Um dos fins de semana eu decidi ir para Jerusalém em vez de ir para Haifa. Com meu mapa turístico, eu andei pelos becos antigos aglomerados dentro da Cidade Velha. A frieza das paredes de pedra, os sinos tocando, as vozes dos compradores e vendedores, todos aqueles odores estranhos e exóticos eram excitantes; era como experimentar uma rica história viva. O nome da cidade, Jerusalém, estava conectado com muitas histórias bíblicas, como um ponto de conexão entre Deus e Seu antigo povo. No meu caminho para o Monte das Oliveiras eu me perdi.

"Você pode me dizer como chegar lá?", eu perguntei a um transeunte.

"Basta seguir esta rua, a Via Dolorosa", o homem me disse.
O nome soava familiar.

De repente, ouvi umas vozes barulhentas e animadas. Um grupo de pessoas cantava enquanto acompanhava um homem bronzeado que vestia uma camiseta, jeans e sandálias. O mais surpreendente foi que ele carregava uma cruz de madeira em tamanho natural.
Sorrindo amplamente, o homem manobrou a pesada cruz através do movimentado *shuk*. Eu decidi seguir a multidão, para ver o que era tudo aquilo. O homem parou diante da Igreja do Redentor, uma igreja luterana. Em pé sobre uma cadeira, ele falou sobre Jesus e o que Ele significava para ele no pessoal. Depois ele orou.
Quando fechei os olhos, foi como se um cobertor caísse, como se estivesse envolvido em um abraço seguro.

"Eu estarei compartilhando mais sobre minha caminhada com esta cruz no Túmulo do Jardim", disse o homem. "Vocês são bem-vindos para se juntar a nós."

Não tendo ideia de onde ele estava indo, eu segui o grupo até chegarmos a um belo e tranquilo jardim murado.

Descobri que o Túmulo do Jardim era, para os protestantes, o local tradicional da crucificação e do enterro de Jesus. Estava localizado perto de uma das regiões mais movimentadas da cidade, não muito longe do centro turístico que se encontrava fora das muralhas da Cidade Velha.

Sentado, sem ser notado, na última fila de cadeiras, escutei as experiências de Arthur Blessitt de levar sua cruz através de muitos países diferentes.

"A razão pela qual tenho levado esta cruz por tantos anos é porque eu sigo Jesus", explicou. "Meu relacionamento com Jesus é agora, presente e real, na medida em que estou disposto a levar esta cruz por tantos lugares estranhos em obediência a esta relação. Jesus é o Rei da minha vida".

No fundo de mim algo respondeu às suas palavras. Eu não queria mais ser o rei de minha vida. Antes que esta viagem a Israel começasse, minha vida tinha sido uma bagunça. Lá, no Túmulo do Jardim, eu silenciosamente dei minha vida a Jesus, para Ele governar minha vida e não eu.

"Se Tu fizeres conhecer a Tua vontade e se eu tiver certeza de que és Tu, eu o farei, tudo o que me pedires. Eu Te deixarei governar."

No momento em que sussurrei estas palavras, um peso foi tirado de cima de mim.

Durante todo o caminho de volta para a Estação Central de Ônibus, eu tinha uma profunda sensação de paz. De certa forma, era o fim da busca e o começo de uma vida que seria mais do que qualquer coisa que eu poderia ter imaginado.

Arthur Blessitt em Jerusalém, 1977.

CAPÍTULO 13

A Vida no Kibutz

Os membros do kibutz sempre foram muito gentis comigo; não se incomodavam com que eu não fosse judeu. Sabendo que eu não tinha família em Israel, eles fizeram o seu melhor para me fazer sentir bem-vindo, especialmente os mais velhos.

Parecia haver um lugar especial em seus corações para os 'órfãos'. Enquanto passava minhas tardes livres bebendo xícaras de café e desfrutando de bolos caseiros, eu descobri o porquê ao ouvir as histórias sobre como eles vieram para Israel e para o kibutz. Os pais e mães fundadores de Ramat Hakovesh tinham chegado a Israel no final da sua adolescência e começo da sua juventude. Estes membros do grupo juvenil sionista polonês estabeleceram o kibutz. A maioria deles veio de grandes famílias judaicas que esperavam seguir seus filhos e filhas para o que era conhecido então como Palestina. Infelizmente, quando a Segunda Guerra Mundial estourou, muitos desses membros de família ficaram presos na Europa e foram eventualmente assassinados pelo regime nazista. Como resultado do Holocausto, muitos membros do kibutz tornaram-se órfãos e, portanto, foram capazes de se identificar com aqueles de nós que estavam sem família no país.

Ramat haKovesh nos primeiros dias.

Eles me contaram suas histórias e viram que eu estava fascinado.
Eu fiz muitas perguntas, mas um dia foram eles que me perguntaram
algo pessoal: "O que te trouxe a Israel?".
Decidindo ser honesto com eles, eu lhes falei sobre minha busca por
Deus e como eu havia encontrado Jesus durante meus primeiros meses em Israel. Eu me lembro claramente do olhar em seus rostos quando eu mencionei Seu nome - Jesus. Era como se eu tivesse usado um
palavrão. Por quê?, eu me perguntava.

"Deixe-me dizer o que esse nome significa para nós judeus",
começaram a dizer meus amigos. "Ao longo dos séculos, fomos culpa-
dos pela Sua morte. A Igreja Cristã olha para nós como se nós fosse-
mos um povo menor, um povo amaldiçoado que merece ser punido."
Mais tarde, eu aprendi sobre as Cruzadas, a Inquisição e os Pogroms;
a igreja sempre sentiu que era sua responsabilidade punir os judeus
pelo que "eles haviam feito crucificando Jesus". A Igreja Ortodoxa na
Polônia e na Ucrânia foi extremamente zelosa na época de Natal e
especialmente de Páscoa, quando matavam, estupravam e saqueavam
cada judeu que pudessem encontrar.

Muitos dos membros mais antigos do kibutz concordaram que a igreja
tinha causado a maior parte do seu sofrimento como povo. Esta perse-
guição aos judeus continuou por séculos ao longo da história euro-
peia, terminando com as terríveis atrocidades do Holocausto. Ouvir
sua versão criou um grande dilema para mim. Sabendo mais sobre a
história escura da igreja, eu podia entender por que eles se sentiam
dessa maneira, mas a pessoa de Jesus que eu estava apenas a conhecer não correspondia com a percepção que eles tinham Dele. Comecei
a perceber que a instituição da igreja, que reivindicava Jesus como seu
Senhor, não refletia quem Ele realmente havia sido.

Eu acabei amando o estilo de vida no kibutz - não só a interação
com as pessoas, também o trabalho físico duro nos campos. Decidir
ficar um pouco mais no Kibutz tinha seus méritos, pois a minha
'antiguidade' me deu direito a um quarto privado. Um dia, voltando
dos campos, meus olhos pousaram em uma pilha de galhos de abaca-
teiro que estavam para descarte. Decidi levar um interessante pedaço
de madeira, grande e nodoso, para o meu quarto.

Eu comecei a esculpir a madeira em meu tempo livre, com apenas
uma faca simples. Percebendo que a madeira era muito dura para
uma faca comum, perguntei ao carpinteiro do kibutz se ele poderia
me emprestar alguns cinzéis velhos e um martelo para madeira.
Eu realmente não sei por que fiz isso, pois eu nunca tinha esculpido
madeira antes. Claro, eu sabia como desenhar e pintar, mas artisticamente isso era totalmente diferente.
Tinha muito tempo livre, então no momento em que meu trabalho na
plantação de banana terminava, eu continuava esculpindo a madeira.
Eu não tinha nada específico em mente, mas estudando a madeira,
imaginei ver certas formas que eu tentei 'libertar' com os cinzéis.

Sentir as ferramentas em minha mão e moldar a madeira era um tipo
de meditação, um lugar a explorar para meus pensamentos. Eu ficava
puxando para fora da madeira o que eu 'via'. Aqui, eu vi duas mãos
juntas e lá, dentro da casca áspera, eu vi um rosto e depois um único
olho. Realmente não importava se fazia sentido ou não; apenas importava a sensação, o cheiro e a interação com as ferramentas ao esculpir
a madeira. Às vezes, depois do trabalho, eu planejava esculpir por
apenas alguns minutos, depois tomar um banho e ir para a sala de jantar. Mais de uma vez, porém, eu verifiquei o relógio para ver se realmente era meia-noite, percebendo que tinha ficado esculpindo durante horas! Com apenas algumas horas pela frente antes de ter que
levantar de novo, eu nem sequer me preocupava em me despir, ia
dormir vestindo minhas roupas de trabalho.

Aqueles de nós que estudávamos no *ulpan* recebemos uma 'família'
adotiva composta por membros do kibutz. A ideia era que isso nos
ajudaria a usar o nosso hebraico e a aprender mais sobre a vida no
kibutz. Minha família adotiva, os Carmis, foi ótima. Até hoje, mante-
mos o contato com eles. Moti, meu pai kibutz, nasceu no kibutz;
ambos os pais tinham conseguido deixar a Polônia pouco antes da
guerra começar, em 1939. Ruti, minha mãe kibutz, nasceu em um
kibutz das proximidades. Ambos os seus pais eram húngaros e tinham
sobrevivido aos horrores do Holocausto.

Quando cheguei pela primeira vez, Zohar, a filha de quatro anos da
Carmis, foi a única que teve paciência para suportar meu hebreu ruim.
As outras crianças eram Dani, Noga e Zeev.
Eu apreciei muito a generosidade desta família maravilhosa.
Embora Ruti e Moti fossem apenas dez anos mais velhos do que eu,
o nível do meu hebraico sempre me fez sentir como uma criança
pequena. Moti era calmo e mais reservado, enquanto Ruti tinha uma
personalidade forte, com opiniões marcantes sobre quase tudo.
Ela me disse exatamente o que ela pensava sobre Deus, como era ridí-
culo que alguém acreditasse que tal 'coisa' existia. Trazer o assunto da
minha fé em Jesus a enfureceria, então eu não falaria ao respeito, a
menos que ela trouxesse o assunto.

Depois de esculpir na madeira por cerca de três meses, eu percebi que tinha desenvolvido um padrão. As diferentes imagens que eu tinha esculpido no galho de madeira contavam a história de Jesus curando o homem cego. Sem qualquer intenção, elas contaram visualmente a história. Fiquei intrigado com o fato, pois era como se eu tivesse sido capaz de expressar a história criativamente, puxando do lado espiritual de quem eu era agora.
Durante todas aquelas horas esculpindo, eu havia me perdido no tra-
balho e nos pensamentos. Sentia como se tivesse sido um tempo de
profunda oração, como se eu tivesse cavado fundo em mim para
expressar algo que agora podia ser visto externamente.
Poucos dias depois, Ruti veio até meu quarto para ver se estava tudo
bem comigo e, como uma boa mãe, ela reclamou: "Seu quarto é uma
bagunça! Você precisa limpar!" Percebendo a escultura no meio da
sala, ela ficou quieta e estudou os detalhes.

"Que bonito!", ela exclamou, obviamente curiosa sobre a obra
de arte. "Quando acabar, é minha!", disse ela apontando para si mesma. "Eu já sei onde ela vai ficar ótima, lá na minha casa."
Sabendo que protestar seria fútil, eu apenas assenti.
Demorei algumas semanas antes de sentir que a peça estava pronta.

Durante dias, Ruti esteve me incomodando para terminar a escultura. Não sabia se contar para ela o que eu vi na peça e o que isso significava para mim; eu sabia que Ruti ficaria zangada com a minha história de Jesus. Depois de orar pedindo sabedoria, eu disse a ela que a peça estava pronta.

"Você pode vir amanhã ao meu quarto para pegá-la?"

Quando Ruti veio no dia seguinte, eu disse: "Eu gostaria de dizer o que eu vejo na madeira."

Sentada à beira da minha cama, durante vinte minutos ela me ouviu contar a história de Jesus curando o cego através das diferentes imagens no tronco esculpido. Foi um milagre, pois ela não me interrompeu nem uma vez!

"*Toda Raba,* obrigado," disse ela. "Eu acho que é uma bela obra de arte." Ela saiu com a escultura em seus braços.

Atordoado, senti o Senhor falar ao meu coração e dizer: "Esta é a sua linguagem para se comunicar com eles." Foi então que comecei a descobrir que a arte me proporcionava uma 'linguagem' interior que tocava o coração sem palavras.

Anos mais tarde, muito depois de minha esposa Dafna e eu ter deixado o kibutz, visitamos Moti e Ruti. Notei que a escultura que sempre estava no canto mais distante da sala tinha desaparecido.

"O que aconteceu com a escultura? ", perguntei a Ruti, cautelosamente.

"Decidi dar a minha mãe", ela me disse.

Aggie, que viera para Israel da Hungria depois da Segunda Guerra Mundial, sempre gostou da escultura. Ruti queria que sua mãe a tivesse em sua casa.

Por muitos anos ela apreciou a peça, até que sua visão começou a falhar. Aos 84 anos de idade, Aggie ficou totalmente cega.

Sempre me espanta pensar que a primeira escultura que eu fiz, comunicando a história de Jesus curando o cego, acabou ficando por anos na casa de uma sobrevivente do Holocausto cega. Aggie agora já faleceu.

Da esquerda para a direita: Rick e Zoar, Moti (pai do Kibutz) Ruti e Dani (agora com 41 anos). Frente: Paul, um voluntário britânico que era amigo meu na época.

CAPÍTULO 14

Isaías 14

Viajando por todo o país, conheci outros crentes de diferentes nações e origens. Alguns deles me disseram que tinham 'ouvido' a voz do Senhor falando com eles e o que tinha acontecido depois que eles obedeceram. Isso me fascinou.

"Você realmente ouviu o Senhor falar?", eu quis saber. "Como ele soa?" Eu queria saber se isso era real.

"Quando o Senhor fala, você apenas sabe que é Ele", disseram-me. "Você experimentará uma profunda paz interior."
Parecia bom, mas eu precisava de algo mais tangível.

Ilona, uma voluntária alemã do kibutz, e eu nos tornamos bons amigos. Quando ela teve de voltar para a Alemanha para continuar seus estudos, decidimos que iria acompanhá-la para conhecer seus pais. Nosso relacionamento estava se tornando sério e eu estava feliz por isso. Meu tempo em Israel tinha sido muito bom, agora eu sentia que ir para a Alemanha devia ser o próximo passo.
Um dos meus amigos me disse que, a menos que eu recebesse uma 'palavra' do Senhor falando para eu ficar, eu deveria deixar Israel, porque este era um lugar difícil para um jovem crente. Seria muito mais fácil para mim em outro país.

Cerca de três semanas antes da partida de Ilona, um amigo precisava de um lugar para dormir, então eu ofereci meu quarto. Meus pais kibutz sempre me deixam usar o sofá de sua sala de estar, então me instalei para passar a noite em sua casa. Por volta da meia-noite, minha cabeça estava cheia de pensamentos agradáveis sobre minha nova aventura na Alemanha. Mesmo que Israel tivesse sempre um lugar especial em meu coração, parecia que a hora para seguir em frente tinha chegado. Enquanto eu estava ocupado pensando e planejando, outro pensamento entrou em minha mente, aparentemente do nada. Sem ser convidado, ele entrou no meu raciocínio.

"Isaías quatorze" era tudo o que a voz disse. Nada mais.
Estranho, pensei, mas ignorei a intrusão, retornando aos meus outros pensamentos agradáveis.

Alguns minutos depois, a voz repetiu mais forte: "Isaías quatorze!"

Eu estava sem saber o que fazer. Sendo apenas um jovem crente, eu sabia que Isaías estava em algum lugar na minha Bíblia, mas eu ainda não sabia onde. Minha Bíblia estava na minha mochila, do outro lado da sala, e eu estava muito confortável na cama para levantar e pegá-la. De repente, eu senti tal urgência que me forcei a acender a luz, levantar e pegar a Bíblia.

Levei algum tempo para encontrar o livro de Isaías. Sentado à beira do sofá, comecei a ler o primeiro verso do capítulo quatorze.

> ***"Porque o SENHOR se compadecerá de Jacó, e ainda escolherá a Israel e os porá na sua própria terra; e ajuntar-se-ão com eles os estrangeiros, e se achegarão à casa de Jacó. E os povos os receberão, e os levarão aos seus lugares, e a casa de Israel os possuirá por servos, e por servas, na terra do Senhor."***

Ao ler essas palavras, imediatamente soube que eu era um dos 'estrangeiros'.

O retorno ou 'assentamento' dos judeus em sua própria terra tinha sido a força motriz que tinha feito a nação de Israel existir novamente. Pela misericórdia de Deus, eles haviam sido trazidos para sua própria terra natal após a Segunda Guerra Mundial e o Holocausto. Eu não sabia que estrangeiros poderiam ser anexados a esta terra. Quando voltei para a cama, havia um profundo sentido da 'presença' de Deus na sala. No entanto, este versículo da Bíblia desencadeou muitas perguntas.

Você quer que eu fique em Israel, Senhor? Eu sou um desses estrangeiros que está se juntando a esta casa e a esta terra? Então me lembrei do que meus amigos crentes me disseram, que se o Senhor falasse realmente, eu experimentaria uma paz profunda. Ok, Senhor, pensei. Se eu ficar em Israel, o que vai acontecer com Ilona? Eu não acho que vou ter paz em relação a isso.

Envolvendo-me no cobertor, senti uma estranha paz me invadindo. Logo, eu estava dormindo.

Na manhã seguinte falei com Ilona sobre o que tinha acontecido comigo durante a noite. Mesmo que tudo parecia estranho, até místico, eu continuava a sentir uma paz profunda em meu coração quando eu contei para ela.
Eu sabia que seria difícil para ela aceitar isso porque ela queria que eu fosse para a Alemanha, com a esperança de que nos casássemos lá. No entanto, eu tinha dado a minha vida a Jesus e queria a realidade de Sua Realeza na minha vida. Isso seria um teste dessa realidade? Eu tinha que responder, tomar uma decisão sobre o que eu só poderia descrever como uma experiência estranha e espiritual.

Eu poderia escolher afastar a voz que ouvi durante a noite, abraçar meu relacionamento com esta bela garota alemã e partir junto com ela. Tomar decisões na vida real com base em inspirações espirituais parecia bastante extremo, não parecia uma coisa de alguém estável. A questão era que se eu quisesse Sua Realeza em cada área da minha vida, não só teria que levar esta 'sugestão' a serio, senão que teria que encontrar uma forma de responder-lhe de algum modo.

"Esta palavra que você acha que é do Senhor precisa ser confirmada ou provada", Ilona me lembrou.
Ela tinha razão. Mas como posso confirmar isso?, eu me perguntava.
O que eu preciso fazer? De repente uma ideia me veio à mente.
Eu vou ao Ministério do Interior para solicitar a residência, decidi.
Se o Senhor quiser que eu fique em Israel, eu vou ter que ver isso carimbado no meu passaporte.

CAPÍTULO 15

Milagre no *Misrad haPnim* (Ministério do Interior)

Eu sabia que em Israel era quase impossível para um não judeu aplicar para qualquer tipo de residência. Esta será uma boa maneira de verificar esta palavra, pensei. É algo que eu não posso manipular, então é de Deus ou não é.

Havia quatro tipos diferentes de permanência em Israel: depois dos turistas vêm os residentes temporários, seguidos pelos residentes permanentes e o status mais alto seria o dos cidadãos.

Fui ao Ministério do Interior e pedi uma reunião com o funcionário de vistos. Depois de esperar muito tempo, fui finalmente convocado para um escritório. Atrás de uma grande mesa de madeira, no meio da sala, havia uma mulher de meia-idade, forte, que parecia ter sido empregada desse lugar por muito tempo e não estava muito feliz com isso.

Eu me sentia nervoso, mas tinha ensaiado o que eu ia dizer.

"O que você precisa?" Ela parecia impaciente.

"Eu gostaria de solicitar a residência temporária", eu disse.

Olhando para mim, ela franziu o cenho. "Você é judeu? Não? Bem, então não é para você."

"Estou ciente disso, mas eu gostaria de aplicar de qualquer maneira."

Surpreendida com a minha *chutzpah*, ela repetiu: "Não, esta solicitação não é para você. Foi bom você ter vindo a Israel para fazer uma visita, mas agora você terá que ir embora. Este é um Estado Judeu. Se eu enviar esses documentos a Jerusalém, certamente eles recusarão seu pedido."

"Eu sei disso também e realmente agradeço a sua ajuda. É apenas um formulário, um pedaço de papel. Vamos preenchê-lo de qualquer maneira", eu implorei.

Ela começou a se contorcer em sua cadeira e eu sabia que ela estava ficando com raiva. "Ok, bem, se for esse o caso, por que não solicitar a residência permanente? Eles vão recusar de qualquer maneira, então por que não ir direto para o maior?"

"Tudo bem, vamos fazer isso", eu concordei, sentindo que ela já
tinha desperdiçado bastante tempo comigo e que queria que eu saísse
do seu escritório logo.
Como o meu hebraico ainda era muito básico, a mulher me ajudou
preenchendo os formulários.

Como eu tinha que ficar no país para saber o que o Ministério do Interior tinha decidido sobre o meu status, eu disse adeus a Ilona,
prometendo avisar-lhe o mais rapidamente possível se eu iria para a
Alemanha. Meus sentimentos eram misturados. Por um lado, eu queria aprofundar o relacionamento com ela, mas por outro, eu queria
saber se meu relacionamento com Jesus poderia ser real.

Enquanto esperava continuei trabalhando no kibutz. À medida que as
semanas se transformavam em meses, voltei ao ritmo de trabalho
normal e desfrutei bastante. Seis meses depois do meu pedido de visto, encontrei uma carta oficial do Ministério do Interior na minha caixa
postal. Eu tinha quase esquecido sobre a aplicação; portanto, a carta
veio como uma surpresa. Na hora do almoço, na sala de jantar, eu abri
o envelope.
Dentro havia um pequeno pedaço de papel com apenas uma frase
hebraica: "Seu pedido foi concedido. Por favor, traga seu passaporte
para o escritório do Interior mais próximo."
Não tinha certeza de ter entendido corretamente, li as palavras repeti-
das vezes. "O que isto significa?", perguntei aos meus amigos do
kibutz.
"Parece que seja o que for que você pediu, foi concedido a
você." Eles sorriram para mim.
Eu me senti animado e, ao mesmo tempo, cheio de admiração. Não
era só empolgação no sentido de: "Nossa, eu posso ficar em Israel",
era mais do tipo: "Nossa! Ele realmente falou comigo! Deus fala
conosco! Ele falou e eu realmente o entendi!"
No dia seguinte fui ao Ministério do Interior e tive de enfrentar novamente a formidável mulher. Eu não tinha certeza se ela se lembrava
de mim, mas estava tão feliz com meu papel que agi como se fosse-
mos velhos amigos.
"Eles me deram, eles me deram a residência permanente!"

Entreguei-lhe o papel alegremente. A essa altura, ela provavelmente se lembrava de quem eu era e não parecia particularmente feliz em me ver. Depois de ler o pedaço de papel, sem me olhar, ela o amassou e o jogou no cesto de lixo ao lado de sua mesa.

"É um erro", foi tudo o que ela disse antes de se levantar e sair do escritório.

Não sabendo o que fazer, avaliei se deveria pegar meu pequeno pedaço de papel da lixeira. É o fim da nossa reunião?, eu me perguntava. Por que ela saiu? Todos os tipos de pensamentos passaram pela minha cabeça. Como eu estraguei tudo? Isto significa que o Senhor não falou comigo? Devo ficar? Toda a minha alegria se evaporara. De repente, a porta se abriu e entrou a mulher com um grande arquivo nas mãos. Sem dizer uma palavra nem olhar para mim, ela se sentou e lentamente analisou os papéis.
Depois de um tempo ela olhou para mim. "Não compreendo, deve haver algum tipo de erro", murmurou ela.
Fiquei surpreso, mas antes que eu pudesse dizer qualquer coisa, ela continuou a verificar os papéis, repetindo para si mesma: "Eu simplesmente não entendo. Eles lhe deram a residência permanente. Como isso pôde ter acontecido?"
A esperança voltou!
Tentando ser compreensivo, eu disse: "Está tudo bem, você não precisa entender, tudo que você tem que fazer é carimbar meu passaporte e eu vou embora. Você nunca vai ter que me ver novamente!"

"Mas eu nunca, nunca vi isso acontecer antes!", ela exclamou. Empurrando impacientemente meu passaporte na sua direção, eu tentei parecer calmo. Finalmente, depois do que pareceu um tempo muito longo, ela puxou um carimbo grande de borracha de sua gaveta e com um 'baque' forte carimbou meu passaporte com o visto de residência permanente.

Emoções profundas brotaram em mim. Controlando-me, eu agradeci e saí do escritório.
Juntamente com esse sentimento de grande respeito para com Deus, eu também sentia a minha responsabilidade com tudo o que acabara de acontecer.

Este momento tinha sido um marco, um que tinha o poder de dirigir o resto da minha vida, pois eu nunca poderia dizer que isso não tinha sido obra de Deus. Receber a confirmação de que eu devia ficar em Israel significava também que minha relação com Ilona tinha terminado.

Nos meses seguintes comecei a pensar: "Se eu vou ficar aqui, então devo fazer o que todo mundo faz, servir nas FDI". Eu conversei com vários homens no kibutz que me ajudaram a ser aceito no exército. Eu era parte de uma pequena unidade de paraquedistas e lutei ao lado dos meus colegas soldados na Primeira Guerra do Líbano, em 1981.

Se alguém tivesse me dito que quatro anos depois de chegar em Israel eu estaria lutando no exército israelense, eu teria dito para ele que estava louco. Deus ultrapassou todos os meus pensamentos e imaginações!

Depois de terminar meu serviço no exército, eu decidi aplicar para obter a cidadania e a recebi sem problemas. Deus tem me maravilhado com o quanto Ele ama este povo e esta terra. Ele me permitiu interagir e me identificar através de tantos relacionamentos.
Eu sou verdadeiramente grato a Ele - Ele é um grande Pai.

Forças de Defesa de Israel
- Amigos da Unidade de
Paraquedistas.

CAPÍTULO 16

A História de Dafna

Eu nasci como Lori Scheimann em 1959 e cresci em Ft. Wayne, Indiana, com meus pais e dois irmãos - eu era a filha do meio. Meus pais eram luteranos, os dois com ascendência alemã. Suas famílias tinham vivido na mesma região por pelo menos três gerações. Lembro que os pais de meu pai falavam alemão quando não queriam que entendêssemos o que estava sendo dito.

A vida nos EUA era bastante normal, com escola, aniversários, feriados e acampamentos em família. Do lado de fora, parecíamos uma família amorosa, mas na década de 1970, os problemas conjugais ocultos que meus pais tinham estavam levando eles ao divórcio e criando muitos distúrbios em nossa casa. Mesmo que a igreja luterana sempre tenha sido uma pedra para meu pai, ele não encontrou mais respostas lá e começou a procurar em outro lugar. Naquela época minha mãe estava vendo um conselheiro médico profissional. Uma noite, enquanto assistia a uma transmissão de Billy Graham em nossa sala de TV no porão, meu pai, pedindo ajuda desesperadamente, chamou a Deus. Como primeiro passo, ele começou a ler a Bíblia seriamente e não saiu mais para beber socialmente com seus amigos. Percebendo essa mudança, minha mãe se perguntou se ele também deveria ver seu conselheiro.

"Não", explicou meu pai. "Eu mudei porque agora estou mais focado em Deus."

"Isso é o que eu estive querendo minha vida toda!" Minha mãe estava exultante.

Isso aconteceu em 1973, quando o Movimento Carismático se espalhou pela América. Meus pais começaram a assistir reapresentações teatrais em barracas, reuniões pequenas em casas de família e até eventos Católicos Carismáticos. Apesar do fato de que meus pais pareciam felizes, entusiasmados e focados em reconstruir seu casamento, essa mudança repentina me afligiu. Eles até disseram que se amavam! Isto é real?, eu me perguntava.

Não querendo acreditar na mudança deles, eu me tornei rebelde e tentei viver minha própria vida indo na direção oposta. Por um período de três anos eu observei meus pais e seus amigos.

"Nós amamos você", eles sempre me diziam, "e estamos orando por você".

Legal, eu pensei, mas eu tenho meus próprios amigos que me 'amam'.

No final do meu terceiro ano de rebeldia, fiz um esforço para me olhar bem. Quem sou eu? Eu não tinha certeza. Sou aquela que tenta ser a 'mocinha' da casa para manter a paz? Ou aquela que está ficando cada vez mais em apuros quando sai com seus amigos?

No fundo do meu coração eu sabia que se algo de ruim acontecesse comigo, meus amigos não poderiam me ajudar porque estavam na mesma confusão que eu. Por outro lado, sabendo que meus pais e seus amigos me aceitariam em qualquer situação, comecei a confiar cada vez mais neles.

Durante sua busca espiritual, meus pais também descobriram que a Bíblia era muito judaica. Quais são os feriados - Páscoa e *Sukot*?, eles se perguntaram. Lentamente, começaram a entender que Israel não era uma história antiga, era um estado vivo, vibrante e moderno que eles queriam conhecer mais e experimentar pessoalmente. Depois de visitas aos nossos vizinhos judeus e de ler muitos livros, meus pais fizeram uma visita à Embaixada de Israel em Chicago: "Seria possível viver em Israel?", perguntaram. Sugeriram que meu pai enviasse seu currículo de engenheiro de desenho de caminhões para diferentes empresas em Israel. Uma empresa em Nazaré Illit respondeu enviando-lhe um telegrama que dizia que precisavam de um engenheiro de caminhões como ele. Poderia vir em até um ano? Depois de mais algumas reuniões na Embaixada de Israel, meus pais decidiram vender tudo o que possuíamos - casa, carros, a cabana do lago - e mudar-se para Israel.

Para essa época, eu também estava pronta para me juntar a eles já que tinha dado minha vida ao Senhor e tinha feito o compromisso de segui-Lo. Mudar-me para Israel me daria uma nova chance, um novo começo.

CAPÍTULO 17

Primeiro Encontro com Rick

Chegamos em Jerusalém em setembro de 1976. Experimentar a Cidade Velha e a Cidade Nova foi incrível - havia tantos novos sons, cheiros, rostos novos. Era uma cidade moderna que vivia junto com a história antiga. Viver com um grupo de americanos nos ajudou a aclimatar-nos à 'Terra'. Três meses depois, mudamos para Afula, no Vale de Jezrael, para ficar mais perto da empresa onde meu pai trabalhava. Foi também durante este tempo que eu mudei meu nome para 'Dafna'. Lori é um derivado de Louro, que em hebraico se traduz como Dafna. A família toda se matriculou no Ulpan por seis meses, para aprender a língua hebraica. Fizemos novos amigos conhecendo os costumes judeus de nossos vizinhos tunisianos e marroquinos. Sempre que podíamos, viajávamos pelo país para desfrutar das paisagens.

Haifa não estava longe de Afula, por isso toda sexta-feira costumávamos ir até um albergue onde um pequeno grupo de fiéis se reunia. Um jovem canadense chamado Rick Wienecke também ia a essas reuniões e passava a noite no albergue. Ele era um novo crente em Jesus, totalmente apaixonado por Israel, e seu único desejo era saber mais sobre ambos. Quando o vi pela primeira vez, ele tinha o cabelo louro, longo e ondulado e uma barba espessa. Sua camisa xadrez, juntamente com o macacão de jeans azul, eram suas 'melhores roupas'; elas também se tornariam sua marca registrada na época. Foi seu sorriso simpático e amigável que me chamou a atenção. Como resultado de meus anos anteriores eu tinha me tornado reservada. Tímida, aos dezoito anos de idade achava difícil iniciar conversas casuais mesmo com pessoas da minha idade.

Era o meu pai que tinha conversado várias vezes com Rick e descobriu
que ambos jogavam tênis. Ele convidou Rick para nossa casa nas noites de sexta-feira para que pudessem jogar tênis nas manhãs do *Shabat.*

Rick e eu nos tornamos amigos; eu gostava quando ele vinha porque
era inteligente, engraçado e me fazia rir. Com o passar dos anos, Rick
e eu tivemos outros amigos e alguns relacionamentos sérios. Eu tive
um relacionamento com um jovem israelense cuja família tinha se tornado próxima durante nossos dois primeiros anos em Afula. Mais tarde, um belo holandês queria que eu o visitasse na Holanda. Independen-
dentemente dos nossos outros interesses, Rick e eu permanecemos
em contato. Era sempre fácil sentar-se e conversar com ele porque
nós tínhamos uma preocupação natural e amigável com o outro.

Eu adorava meu trabalho como assistente de creche. Estar com as crianças de 2-4 anos de idade, ensinando-lhes canções e histórias, fez-
me aprender muito, especialmente sobre a cultura judaica, as férias,
a história e as atitudes.
Eu gostava de trabalhar nos projetos de arte das crianças, nas peças
de teatro e nas suas festas de aniversário. Sabendo que meu futuro
não era como *Ganenet* (professora de creche), decidi me matricular
na escola de enfermagem em 1979.

Afula tem um grande hospital que atende toda a área, incluindo as
aldeias árabes, kibutzim e moshavim. Apesar do fato de que a escola
de enfermagem adjacente ao hospital estava perto de nossa casa,
optei por morar nos dormitórios dos estudantes. Desta forma, eu
podia estudar com as outras meninas, já que ainda estava aprendendo
hebraico como segunda língua. Durante esse tempo eu me concentrei
na minha vida estudantil e, ao mesmo tempo, esperava ansiosa o meu
futuro como enfermeira.

Entretanto Rick tinha ido a um kibutz religioso para fazer um curso de
três meses sobre o judaísmo. Mesmo sem nos vermos muito, mantive-
mos contato.

Em 1980, quando Rick tinha 26 anos, ele se juntou às FDI e se tornou um paraquedista em uma unidade chamada *Shaked* (Amêndoa).

Aproximadamente na mesma época, eu decidi deixar Afula e continuar meu treinamento em um hospital menor em Poria, perto do Mar da Galileia. Eu me tornei uma enfermeira licenciada em 1981. Enquanto trabalhava na enfermaria de maternidade e ginecologia, eu morava em um dos apartamentos para enfermeiras do hospital. Eu amava minha profissão, mas achei que as rotações constantes de turnos eram muito desafiadoras.

CAPÍTULO 18

"Você é o Meu Melhor Amigo..."

Rick e eu sempre permanecemos em contato e nos víamos ocasionalmente. Nesse momento eu notei que Rick estava telefonando bastante regularmente, o que me fez pensar que ele de repente tinha se
interessado mais por mim. Por causa da minha vida ocupada, eu não
percebi que era um esforço muito grande para ele fazer esses telefonemas. Os telefones celulares não existiam nessa época e sua unidade
estava constantemente em movimento, mas eu sempre gostava de
conversar com meu melhor amigo. Em um ponto eu perguntei: "por
que você está telefonando tão seguido?", na esperança de obter uma
resposta mais comprometida. Ele só me fez um comentário casual.

Pouco tempo depois, Rick veio me visitar no
apartamento das enfermeiras vestindo o uniforme do exército e carregando uma mochila
militar grande. Eu estava usando meu uniforme de enfermeira. Eu me sentia a vontade
com as visitas de Rick, seja na casa dos meus
pais em Afula ou durante as saídas com amigos. Normalmente estávamos relaxados um
na companhia do outro, mas desta vez era
diferente. Ele estava mais sério, como se
tivesse algo em sua mente. Sentado rigida-
mente na cadeira enquanto eu estava sentada
na cama estreita do meu quarto, Rick me
olhou atentamente e disse:

"Acho que nosso relacionamento está
se tornando mais sério. O que você acha?"
Fiquei chocada! Esta era uma pergunta direta,
pessoal, exatamente o que eu queria ouvir,
mas ao mesmo tempo eu lutava com pensa-
mentos como: o que vai acontecer com o meu trabalho? Esses turnos
loucos... como vou conseguir me comprometer com ambos?

"Rick", eu disse, "você é o meu melhor amigo! Podemos ser amigos." Na minha cabeça isso era uma demonstração de minha confiança nele e esperava que abrisse a porta para uma discussão.

No entanto, para minha surpresa, Rick acenou com a cabeça e disse: "

Acho que é hora de eu ir". Ele então pegou sua mochila e foi até a porta.

Sua reação me alarmou. Ele não era assim! De pé na varanda do apartamento, pronto para dizer adeus, eu notei o pôr do sol dourado, como nos filmes, quando o protagonista diz adeus pela última vez.

"Isso significa que você não vai me telefonar tanto?", eu perguntei.

Colocando a mochila no seu ombro, Rick disse: "Existe uma razão pela qual deveria?". Ele saiu rumo ao pôr do sol para pegar o ônibus até a sua base do exército, bem ao norte.

Atormentada, percebi que Rick tinha me entendido mal. Ele pensou que minhas palavras significavam que eu não estava interessada em uma relação mais profunda do que a amizade. Naquele momento, eu sabia que se eu não fizesse algo, eu iria perder alguém muito precioso. Às vezes, nos fins de semana, quando eu estava livre do serviço hospitalar, eu ia para a casa dos meus pais ou pegava o ônibus para o 'Beit Emanuel', um albergue juvenil messiânico, não muito longe da praia de Tel Aviv. Jovens crentes com idades entre 18-30 anos se encontravam nas noites de sábado para ensinar a Bíblia, escutar música e simplesmente 'passar' o tempo.

Sabendo que Rick estaria lá no próximo fim de semana, eu pedi à minha colega de quarto para fazer uma trança na minha melena. Escolhendo minha melhor camisa e calças, eu arrumei uma bolsa com muda de roupa para um dia e parti para Tel Aviv. Eu tinha que falar com Rick! Dizer para ele o que eu realmente sentia!

Cheguei a tempo para a reunião da noite e encontrei o Rick conversando com amigas, todas meninas! A noite toda eu me certifiquei de ficar perto dele. Nessa mesma noite, juntamo-nos a um grupo de amigos para ir comer uma pizza e fiquei triste ao perceber que Rick foi amigável, mas reservado.

Quando eu descobri que ele tinha reservado uma cama nos dormitórios do albergue, fiquei feliz porque eu tinha decidido a fazer o mesmo. Na manhã seguinte havia apenas algumas pessoas na mesa do café-da-manhã, portanto, era uma boa oportunidade para falar.

"É o meu dia de folga da base", Rick disse. "Tenho alguns recados para fazer na cidade".

"Posso ir junto?", eu perguntei.

Juntos, tomamos o ônibus para a cidade velha de Jafa, rumo ao escritório de licenciamento mais próximo. Enquanto estava na fila com Rick, eu estava ocupada pensando quando seria um bom momento para falar com ele. No ônibus, não, impossível e também não podemos falar aqui. Eu decidi esperar o momento certo.

O tempo estava passando muito rápido. Eu tinha que estar de volta em Poria a tempo para meu turno da noite. A viagem de ônibus levaria quase três horas. Quando Rick se ofereceu para me acompanhar à estação central de ônibus em Tel Aviv, isso me encorajou já que senti que as coisas estavam se aquecendo novamente.

O percurso através da praia significava descer uma colina íngreme de rochas grandes e escarpadas. Exultante, eu agarrei a mão de Rick quando ele me ajudou a descer e não soltei, mesmo quando nós já tínhamos alcançado a praia. Eu estava começando a sentir que finalmente poderia dizer o que eu sentia sobre o nosso relacionamento. Sentamos na areia quente. Naquele dia de outono, o tempo estava ameno, com uma leve brisa oceânica. Eu gostei tanto de estar com Rick que quase me esqueci de fazer meu discurso e agora já era hora de ir embora. Eu tinha que pegar o ônibus.

No calçadão nos sentamos para colocar nossos sapatos. Os dois olhamos para o pôr do sol sobre o belo Mar Mediterrâneo. Chamando a atenção de Rick, eu falei para ele sobre meus verdadeiros sentimentos por ele.

"Eu espero que você ainda sinta o mesmo em relação a mim," eu adicionei.

Para meu alívio, ele olhou para mim e riu.

"Sim, claro! Este é o melhor dia da minha vida!", ele exclamou.

Juntos, caminhamos para a Estação Rodoviária Central, onde ele me comprou um saco de sementes de girassol e me deu um beijo afetuo-

so. Tivemos que nos despedir sem saber quando nos veríamos novamente.

Aliviada, voltei ao hospital, sabendo que nossa relação havia sido
reparada. Ainda mais do que isso, nós dois falamos sobre nossas sérias
intenções de aprofundar nosso relacionamento. Esperando ter notícias do Rick nessa mesma semana, comecei a me preocupar quando
passaram três semanas e eu ainda não tinha tido notícias dele. O que
aconteceu?, eu me perguntava. Será que ele tinha dúvidas?

Tendo me programado para ter um longo fim de semana fora do trabalho, eu decidi ir para casa dos meus pais e foi lá que eu soube por
que Rick não tinha telefonado - Israel estava em guerra! Eu sabia que
havia distúrbios e agitação na fronteira com o Líbano, mas novamente
a minha vida de enfermeira tinha bloqueado todo o resto. Eu não
tinha conhecimento dos acontecimentos políticos que estavam ocorrendo. Nunca na minha vida eu teria sonhado que meu Rick seria chamado para lutar. Como sua unidade esteve fazendo manobras nos
últimos dois meses, Rick tinha viajado frequentemente para o norte.
Esta tinha sido a razão pela qual ele pode me visitar no hospital.
Naquela época, ele estava proibido de falar para alguém o que sua
unidade estava fazendo na fronteira norte, só agora que eu descobri
que eles tinham atravessado para o Líbano!

A atmosfera no hospital tornou-se pesada. Eu podia sentir a tensão
aumentando a cada dia. Como o hospital de Poria servia uma região
limitada, sabíamos que provavelmente não receberíamos soldados
gravemente feridos. Ainda assim, tivemos de estar de plantão. A cada
hora assistíamos e escutávamos as notícias e regularmente ouvíamos
helicópteros levando os soldados feridos para os hospitais maiores de
Afula e Haifa. Tanto quanto pude, encontrei-me com outros crentes
da área para compartilhar informações e rezar pela situação.

CAPÍTULO 19

"... e Eu Irei a Qualquer Lugar com Você!"

Semanas depois, eu estava na casa dos meus pais novamente quando Rick telefonou! Ouvir sua voz era tão maravilhoso, tão emocionante! "Eu consegui licença da frente e estou no meu caminho de volta para o kibutz", disse ele. "Meu comboio parará em Afula, então vou perguntar ao meu oficial se ele pode me deixar no centro da cidade". Enquanto meu pai saia para pegar Rick, mamãe e eu rapidamente começamos a preparar um pouco de comida já que achamos que Rick estaria com fome. Finalmente, Rick entrou pela porta da frente! Foi tão maravilhoso vê-lo! Eu não conseguia tirar meus olhos dele. Feliz e orgulhosa agradeci a Deus por sua segurança. Depois de mais de quatro semanas de luta no Líbano, Rick parecia um homem selvagem. Durante seu tempo no exército ele desenvolveu muitos músculos, mas agora tinha também um olhar áspero. Seu cabelo comprido e despenteado e sua barba estavam cobertos de poeira branca. Seu uniforme parecia como se ele não tivesse tirado por muitos dias. Seu rosto tinha algumas rugas, ele obviamente estava cansado, mas para mim ele era deslumbrante, tão terrivelmente bonito.
Convidamo-lo a comer e tentamos ser sensíveis às suas necessidades emocionais, ainda não sabíamos o que tinha visto ou no que tinha tomado parte. No início, Rick não conseguiu comer; ele se desculpou e sentou por um tempo na varanda, sozinho, então ele perguntou se poderia tomar um banho. Vestido com roupas limpas que meu pai lhe dera, Rick ficou mais relaxado. Meus queridos pais sumiram, dando-nos a oportunidade de ficar sozinhos. Sentados juntos na varanda, olhando para as estrelas, eu desejava que ele nunca tivesse que me deixar novamente.

Como eu ainda tinha dois dias de folga, decidi ir com Rick ao seu kibutz, Ramat Hakovesh, que eu adorava. Foi maravilhoso viajar juntos novamente e ambos sentimos um espírito de independência. Mesmo andando de ônibus ou pedindo carona, uma maneira comum de viajar na época, era libertador.

Este era o nosso tempo juntos e nos sentíamos vivos. Durante esse curto período de tempo, ambos estávamos sem os nossos uniformes e, portanto, livres de obrigações; então decidimos aproveitar ao máximo.

Rick foi recebido com entusiasmo por sua família do kibutz, com abraços e sorrisos. Moti e Ruti, que tinham estado a par de muitas das histórias e aventuras de Rick, haviam acompanhado ansiosamente as notícias sobre a guerra. A curta caminhada até o refeitório levou muito mais do que o habitual já que todos queriam ouvir as histórias de Rick ou contar às suas próprias.

Logo, a maioria dos *kibutzniks* sabia que 'Rick e Dafna estão juntos'. Nós visitamos amigos e falamos por horas no seu quarto. Quando eu passei a noite no kibutz, Rick me deu seu quarto e ele foi para a casa de Moti e Ruti. Eu respeitava as fortes convicções de Rick sobre manter a nossa relação pura e isso também era um exemplo para aqueles que nos rodeavam.

A próxima vez que Rick foi para casa enquanto estava de licença, ele me propôs casamento e desta vez não houve hesitação da minha parte, nenhuma consideração sobre o meu trabalho ou os meus deveres. No entanto, minha resposta foi a mesma:

"Rick, você é o meu melhor amigo e eu irei a qualquer lugar com você."

Juntos, literalmente temos ido a muitos lugares diferentes, sempre seguindo a liderança do Senhor. Nós criamos dois meninos maravilhosos, Daniel e Yohai, e ainda somos os melhores amigos um do outro.

CAPÍTULO 20

Casamento, Lua de Mel e Vida no Kibutz

Dafna e eu casamos em fevereiro de 1983 e o kibutz nos deu uma lua de mel de quatro meses.

Como minha mãe não tinha conseguido vir para o casamento, nós voamos para Toronto, onde ela nos fez uma grande festa. Nós também visitamos parentes de Dafna nos EUA e aproveitamos nossa longa lua de mel com um 'grand finale' em Taos, onde fomos esquiar.
Viajando pelo Colorado, visitamos os tios de Dafna, Max e Judy, que haviam sido missionários na Nova Guiné. Eles construíram uma cabana no Colorado que era semelhante às cabanas primitivas que tinham usado enquanto estavam na missão. Dafna reconheceu a cabana de sua infância e notou que seu tio tinha construído uma outra - uma cabana de dois andares. No andar de cima estavam os aposentos e no térreo tinha uma área aberta enorme para fins da igreja ou do ministério, como reabilitação de alcoólatras. Ele continuava a morar na outra cabana.

Tio Max tinha vendido os prédios, mas mais tarde teve de encerrar o negócio porque as pessoas não pagaram. A primeira cabana tinha sido a casa de uma família que morava lá com suas cabras e galinhas, enquanto o outro edifício tinha sido transformado em um celeiro.
Só alguns anos mais tarde conseguimos entender o significado desta pequena visita a Colorado.

Depois da nossa lua de mel, voltamos para Israel. Dafna primeiramente trabalhou na casa das crianças, no Kibutz, e mais tarde no hospital Kfar Saba; enquanto eu trabalhava nos campos de banana.
Todos sabiam que eu queria trabalhar em tempo integral nas artes, esculpindo madeira, e se o kibutz tivesse sido capaz de criar um ramo que desse renda, eles teriam me deixado. Mesmo que isso não fosse possível, eles me deram um pequeno galpão que foi transformado em um estúdio e também me enviaram para fazer um curso de arte de três meses em Tel Aviv. No entanto, mesmo o 'artista do Kibutz', como todos os outros, tinha que fazer o seu trabalho no campo. Nós nos sentimos em casa entre os nossos amigos do kibutz, que nos aceitaram completamente a ambos.

CAPÍTULO 21

Abrindo Nossas Asas

Cerca de um ano e meio após o nosso casamento, quando Dafna estava em processo de se tornar um membro do kibutz, o Senhor claramente começou a falar sobre me dedicar às artes em tempo integral. Percebemos que ao ficar no kibutz, a arte se tornaria um hobby. Nossos futuros filhos seriam *kibutzniks,* criados na casa das crianças. Queríamos criá-los de acordo com a nossa fé, junto com os seus pais. Dafna e eu sabíamos que chegara a hora de deixar a vida 'protegida' que tanto gostávamos e mergulhar nas profundezas do desconhecido, do lado de fora do kibutz. Foi muito difícil deixar os nossos amigos e 'família', já que conhecíamos cada um dos integrantes do kibutz. Também enfrentamos muitos desafios práticos: tivemos que alugar o nosso próprio apartamento, comprar móveis, abrir uma conta bancária e Dafna teve que cozinhar nossas refeições. Estávamos trocando um ambiente rural por um apartamento de dois quartos em Kfar Yona, perto de Netanya. Ruth e Yatzuk, uns amigos israelenses, também moravam naquela aldeia. Enquanto Dafna continuava a trabalhar no hospital Kfar Saba, eu era jardineiro para as famílias da Embaixada dos EUA que moravam em Kfar Shmaryahu. Cada dia eu montava na minha bicicleta de dez velocidades e ia trabalhar. Era uma viagem de 70 km, mas valia a pena porque eles me pagavam à vista e em dólares. Durante esse período de hiperinflação, um dólar era cerca de 1.000 liras. No *Shabat*, frequentávamos reuniões familiares em Netanya.

Mesmo que um dos nossos quartos tinha sido transformado em um estúdio, eu usava muito pouco porque eu estava trabalhando em tempo integral como jardineiro. Só depois do trabalho havia tempo para a criatividade artística. Eu sabia que eu precisava de mais conhecimentos na arte de esculpir. O que eu precisava era conhecimento básico, como saber a forma de afiar cinzéis e que tipo de cinzéis usar.

"Você acha que eu deveria ir para a escola de arte?", perguntei ao meu amigo Benjamin.

"Há muita 'estranheza' acontecendo nas escolas de arte", Benjamin me advertiu, "mas se você está pensando em ir, confira e pergunte ao Senhor antes de decidir. Não assuma que você tem que ir a uma escola de arte".

CAPÍTULO 22

Visitando os Avós em Toronto

Quando Daniel, nosso primeiro filho, nasceu em 1985, é claro que meus pais quiseram conhecê-lo. Eles viram que era mais barato enviar o dinheiro das passagens, para nós ficarmos em torno de seis meses no Canadá, do que eles virem para Israel e ficar em um hotel. Junto com o nosso bebê de dois meses, fizemos uma parada na Itália, onde estudamos as obras de Michelangelo. Eu tinha lido sua biografia e assistido o filme, mas agora nos embelezamos com suas principais obras em Florença e Roma.

Enquanto ficávamos com meus pais em Toronto, fiz algumas averiguações na escola de arte local, onde minha tia estudou. Fiz perguntas para as pessoas e conheci alguns professores, disse-lhes que eu queria esculpir e que eu só precisava de informações técnicas. Eles me disseram que, a fim de obter um diploma de arte, eu teria que aprender pintura, pintura de seda e muitas outras coisas que eu não queria nem precisava aprender. Sentado em uma das aulas, eu vi o que eles estavam ensinando aos alunos. Sentindo a atmosfera, eu me lembrei das palavras de Benjamin e soube que ele estava certo - havia muita 'estranheza' acontecendo lá. Tinha também o aspecto financeiro.
Eu agora era um homem casado com uma criança pequena e até eu me formar em arte, depois de quatro anos de estudo, teríamos uma dívida de 25.000 dólares, isso SE eu conseguisse continuar trabalhando paralelamente.
Se você se endividar, você nunca mais vai voltar para Israel!, o Senhor me advertiu. A resposta era clara – nada de escola de arte.

A fim de nos sustentar durante nossa permanência no Canadá, eu trabalhei como motorista de ônibus, caminhão e táxi (um motorista de táxi redimido) e ganhei dinheiro suficiente para pagar outros seis meses de despesas no Canadá. *Wheeltrans*, um serviço de táxi de Toronto para deficientes e idosos, tinha sido um bom trabalho e oferecia muitos benefícios, incluindo seguro de saúde.

Minha família pensou que eu nunca iria deixar um emprego tão seguro e que compraria uma casa e ficaria em Toronto. No entanto, Dafna e eu sabíamos que nosso tempo no Canadá seria temporário e que algum dia retornaríamos a Israel. Começamos a visitar mostras de escultura em Toronto e especialmente as exposições de arte em madeira. Encontramos impressionantes peças de arte de Joe Dampf, que achamos especialmente boas, e soubemos que coincidentemente ele morava em Toronto.

"Olá, você não me conhece", eu disse ao Joe por telefone, "mas eu vi seu trabalho e eu gostei bastante. Eu sou uma espécie de aprendiz de escultor, na verdade não sei nada. Seria possível nos encontrar? Tomar um café juntos e falar um pouco sobre o seu trabalho?"

"Você é de Toronto?", Joe quis saber.

"Não, sou de Israel."

Joe ficou muito interessado. Ele queria saber mais sobre Israel e o kibutz.

"Eu definitivamente quero conhecê-lo!", ele disse.

Depois que nos encontramos para tomar um café, Joe me levou para sua casa e me mostrou todo o processo, da ideia ao produto acabado.

"Estou dando aulas de noite", disse Joe. "Você está convidado para assistir as aulas, mas, além disso, sempre podemos nos encontrar quando eu tiver tempo."

Joe e eu realmente nos demos muito bem e eu podia lhe perguntar qualquer coisa que eu quisesse, seja no telefone, durante o café ou na aula de arte. Eu fiz muitas perguntas, mas eu também precisava de experiência prática, algum tipo de aprendizagem. Quando Joe me ensinou a trabalhar a argila, a primeira peça que fiz foi um retrato de meu pai que eu esculpi e depois cozi. No início, eu não gostei do material e da sensação de argila, porque eu estava muito acostumado a trabalhar com a madeira dura.

Durante os dez meses em que estivemos em Toronto, Joe e eu nos encontramos regularmente. Ensinou-me como fazer um molde, moldá-lo em gesso e como usar o mesmo sistema de preenchimento que Michelangelo usou para transferir a informação do modelo à pedra.

Eu tinha algum conhecimento sobre esta maneira de trabalhar, mas eu não sabia como executar esta técnica até que Joe me mostrou.

A essa altura eu sabia que tinha aprendido muito e que tinha chegado a hora de aprender a voar sozinho. Mas como? E onde?

CAPÍTULO 23

Do Chalé do Lago à Cabana de Colorado

Os meus pais possuíam um pequeno chalé em um lago no norte de Ontário e pedimos ao meu pai para ficar lá por um tempo. Chegara a hora de descobrir se a vida de um artista em tempo integral era para mim ou não. Até então eu estava esculpindo aqui e ali, por curtos períodos de tempo, tendo sempre algum emprego, mas nunca tinha conseguido trabalhar por dias a fio. Vou ficar sem ideias?, eu me perguntava. Será que vai ficar chato? Será que vamos ficar sem dinheiro? Esta experiência ia nos dizer se a minha vida como artista vinha realmente do Senhor ou do meu próprio desejo.

Mudamo-nos para o chalé no início da primavera e a casa do barco tornou-se meu estúdio. Nessa época o gelo começava a derreter; planejamos ficar lá até o final do outono, pouco antes do inverno se instalar novamente.

No momento em que comecei a trabalhar em meu estúdio perto do lago, as ideias começaram a fluir. Elas continuaram chegando e logo estabeleci um ritmo de trabalho constante. No entanto, eu já não era um homem solteiro com um monte de tempo livre, eu tinha uma esposa e um filho pequeno.
A distância entre a casa e o estúdio era muito longa para gritar; portanto, Dafna anunciava a hora do almoço soprando um pequeno chifre de alce. Estar no meio de um projeto de arte e, de repente, ouvir o som me anunciando que o almoço estava pronto, sempre me dava uma sensação de admiração.

Enquanto caminhava até a casa, vendo a minha amada esposa e o meu filho, eu entrava em um mundo diferente - um mundo de ordem. Era tão distinto do estúdio que eu tinha acabado de deixar - lá tinha caos, lascas de madeira em todo lugar e todas essas peças parcialmente acabadas. Passar do meu mundo criativo para a casa ordenada me ajudou a manter minha sanidade - extremamente importante para um artista.

A consistência dentro da casa alimenta os fluxos criativos e a ligação com a vida normal cria um equilíbrio muito necessário.

Ao longo dos anos eu conheci muitos artistas que quebraram e entraram em colapso porque não tinham esse equilíbrio. Frequentemente eles são (reiteradamente) divorciados ou vivem com alguém. A maioria dos artistas (incrédulos) têm relacionamentos instáveis e não conseguem lidar com o mundo 'normal'. Incapazes de encontrar alívio em seu mundo caótico, eles abusam de drogas ou álcool para escapar da desordem massiva em suas vidas.

Como eu era abençoado por ter a Dafna! Uma jovem e ocupada mãe com quem eu podia ter conversas interessantes durante o almoço, até eu voltar para o estúdio. Daniel adorava ficar na varanda e gritar o mais alto possível. Ele não incomodava ninguém porque estávamos totalmente sozinhos lá em cima.

Os seis meses passaram rapidamente e as seis peças de arte concluídas provaram que eu poderia trabalhar como um artista em tempo integral. Foi um sentimento maravilhoso!
Mas o que fazer a seguir? Onde viver durante o inverno?
"E a cabana do seu tio em Colorado?", perguntei a Dafna.
"Acho que ele está tentando vendê-la", disse Dafna.

Dei um telefonema para o tio Max e ele me disse que ainda estava tentando vender essas duas cabanas. Enquanto eu tentava resolver os termos, Dafna lutou com a ideia de se mudar para lá. Ela sabia que seria difícil viver nessa região. Por cerca de cinco dias ela orou e pensou sobre esta decisão e depois disse ao Senhor: "Se esta for a Tua vontade, então eu vou fazê-la".
Acabou sendo a Sua vontade e estava na hora de arrumar as malas e se mudar para Colorado!

Enquanto eu voltei a trabalhar para ter as finanças suficientes para ir para Colorado, Dafna e Daniel ficaram com a família de seu irmão em Colorado Springs, até eu chegar lá com o trailer e nossos pertences. Limpar e arrumar foi uma tarefa e tanto, porque a cabana de dois andares não estava habitada fazia já alguns anos.

Uma empresa de demolição forneceu-nos o material barato necessário para remodelar o andar de cima, que seriam os nossos aposentos. O térreo foi transformado em uma oficina. Uma estrada rural conduzia à pequena cidade com lojas e uma biblioteca. Felizmente, também fizemos alguns amigos lá.

No Colorado, encontramos uma fundição de bronze. Como de costume, comecei a fazer todo tipo de perguntas. Sua reação me surpreendeu.

"Quem é você?", eles me perguntaram, olhando com suspeita. "Não o conhecemos."
Logo descobri que os homens da fundição não tinham tempo nem paciência para lidar com artistas iniciantes.

Trabalhar com bronze era o meu desejo, mas eu precisava de alguém que não desanimasse com as minhas perguntas e que estivesse disposto a me mostrar como trabalhar com este precioso material. Continuei orando para que um dia o Senhor me levasse ao homem certo.

CAPÍTULO 24

Aprendendo a Confiar e Obedecer

Colorado e Toronto tinham sido bons processos de aprendizagem, mas era hora de voltar para Israel. Daniel tinha cerca de quatro anos. Alugamos um apartamento agradável que tinha espaço para nós como uma família já maior e um estúdio. O Senhor começou a falar que este próximo período de tempo seria "Faça ou morra; Dafna não deve trabalhar como enfermeira e você não deve deixar ninguém saber das suas necessidades!". Estas seriam as condições. Tratando de manter a nossa parte do acordo, Dafna e eu vivemos tão frugalmente quanto possível, sem passar fome. Nós não tínhamos carro, então eu ia na minha bicicleta de 10 velocidades para toda parte.

Aprender a viver pela fé foi um processo gradual e a maioria das pessoas não acreditava que alguém pudesse trabalhar em tempo integral nas artes e realmente viver, então seria um duplo desafio.
Parecia que cada vez que nossa conta bancária era quase zero, nós vendíamos uma obra de arte ou recebíamos dinheiro de uma comissão. Saber o valor mensal médio que precisávamos para viver, nos ajudou a calcular por quantos meses extra uma comissão grande nos daria um respiro.

Numa época em que nossa conta bancária era zero, Julie, uma amiga do Colorado, veio nos visitar. Ela havia comprado uma escultura e ainda nos devia 300 dólares. Sabendo que algumas contas iam vencer, Dafna e eu estávamos ficando um pouco nervosos pensando em como pagá-las, mas dissemos o um para o outro: "Bem, o Senhor nos trouxe até o limite, mas a Julie está chegando! Ela nos deve US$ 300!". Naqueles tempos, essa quantia não só pagaria todas nossas contas, mas também nos daria um respiro por algumas semanas.
Tomando emprestada a furgoneta 'comunitária' da irmandade, peguei Julie na estação central de ônibus de Netanya. Ela nos abençoou com um saco de brindes como pasta de dentes e doces especiais dos Estados Unidos.

Nós almoçamos juntos e apreciamos a sua companhia, mas o tempo todo eu me perguntava, Senhor, eu deveria lembrá-la sobre os US$ 300? Devo falar sobre isso? E cada vez eu senti fortemente: Não diga uma palavra!

Isso foi muito difícil para mim. Senhor, eu implorei, eu não estou pedindo dinheiro da Julie, mas ela está nos devendo esta 'enorme' soma que tão desesperadamente necessitamos!

Mesmo que eu fiz o meu melhor para desfrutar da visita, a minha mente constantemente voltava para a questão: ela vai nos dar o dinheiro ou não?

Quando chegou a hora de conduzir Julie de volta à estação central de ônibus, eu estava quase fora de mim. Senhor, basta!, eu gemi interiormente. Até agora eu não disse nada a Julie. Por favor! Ela está indo embora!

Era hora de dizer adeus. Eu fiquei na furgonete enquanto Dafna acompanhava a Julie até a plataforma. Até lá, eu meio que aceitei o fato de ela não ter nos dado o dinheiro, mas por outro lado esperava que, no último momento, ela deslizasse os US$ 300 (e talvez até mais) na mão de Dafna para acabar com meu sufoco.

Quando Dafna voltou para a furgonete, fiz um enorme esforço para parecer controlado. "E aí? Ela te deu algum dinheiro?"

"Não, não me deu", disse Dafna. "Ela nem mencionou o assunto!".

"O que está acontecendo, Senhor?", eu exclamei.

Olhando um para o outro, ambos pensamos: Isto é muito difícil, Senhor! A seguir, oramos, tentando não ficar desnorteados, mas não conseguindo muito bem.

Em casa, falamos sobre o desafio financeiro e tentamos nos animar. Até a hora de deitar, não tínhamos ideia de como essa difícil situação seria resolvida.

No dia seguinte, que parecia ser apenas mais um dia normal, havia uma carta na caixa dos correios, de uma igreja da Carolina do Norte. Art Carlson, um velho amigo nosso, era pastor de uma igreja lá, mas não tínhamos visto ou estado em contato com ele havia pelo menos seis ou sete meses.

Quando abrimos o envelope da Igreja da Graça, dentro havia um cheque feito para nós dois por US$ 300. Não havia nenhuma nota, nenhuma carta, apenas o cheque pela quantia exata que Julie nos devia.

Eu escrevi uma carta a Art perguntando por que ele tinha nos enviado o dinheiro. Algumas semanas depois, a resposta veio: "Eu só tive essa ideia do Senhor; eu precisava lhes enviar essa quantidade de dinheiro".

A forma milagrosa com que o Senhor nos providenciou o que necessitávamos, tornou-se uma pedra fundamental para nós. Entendemos que, por meio desta lição com Julie, o Senhor queria que nos mantivéssemos fiéis aos princípios que ele nos mostrou. O fato de que não teríamos que nos preocupar com o dinheiro nos deu um senso de liberdade para tomar decisões baseadas na confiança e nem sempre nas finanças.

Este princípio, mais tarde me daria a oportunidade de trabalhar como aprendiz da fundição por um ano sem receber, sabendo que o Senhor iria fornecer todas as nossas necessidades. Durante esse ano, aprendi todo o processo de moldar o bronze, do começo ao fim, e o Senhor providenciou.

Enquanto aprendemos a obedecer na área das finanças, percebemos que isso às vezes criava tensão com outros crentes. Alguns não gostavam do fato de que o Senhor tinha deixado claro para nós que não devíamos dar a conhecer as nossas necessidades.

"Você tem uma atitude muito arrogante", um crente me disse. "

Você deve falar das suas necessidades para que as pessoas te ajudem. Você não é humilde o suficiente, é isso."

"Se o Senhor lhe disser para enviar cartas pedindo apoio, tudo bem", eu sempre dizia para as pessoas, "mas não julgue os que são levados a agir de maneira diferente".

Quando eu ainda era um jovem crente, eu li livros sobre Hudson Taylor e Muller. Estes maravilhosos livros me ensinaram como esses grandes homens de Deus confiaram Nele para suprir as necessidades de seus ministérios. Também meus amigos Benjamin e Art Carlson me ensinaram muito sobre a importância de uma relação certa com o dinheiro no Reino de Deus.

CAPÍTULO 25

O Aprendiz de Fundição

Ocasionalmente, depois de voltar para Israel, encontrávamos nosso amigo Yatzuk de Kfar Yona. Quando contei a ele sobre meu decepcionante encontro na fundição de bronze no Colorado, ele disse: "Meu melhor amigo tem uma fundição em seu quintal".

"Você nunca me falou desse amigo", exclamei. "Ah, eu gostaria de conhecê-lo!"
Dani Jakobi e eu imediatamente tivemos um ótimo relacionamento.

"Você pode me mostrar tudo o que eu preciso saber sobre bronze?", perguntei para ele. "Você poderia me ensinar?"

Quando Dani precisou de ajuda na fundição, mas não conseguia pagar um salário, eu me ofereci para ajudá-lo de graça por um ano. Durante os cerca de um ano e meio que eu trabalhei com Dani, aprendi a fazer moldes e ceras e a despejar bronze. Como eu trabalhei lá sem receber salário, Dani deixou-me moldar minhas primeiras peças de bronze de graça. Fazendo peças menores, eu aprendi o processo do bronze junto com o seu lado criativo. No entanto, o mais importante de tudo foi que durante todo esse tempo o Senhor reforçou Sua lição sobre finanças. De um ponto de vista criativo, uma das maiores coisas que eu aprendi durante este período foi que eu não precisava me preocupar pensando se uma peça seria vendida ou não ou se era comercializável ou não. Tudo o que eu tinha que fazer era responder ao que eu sentia que o Senhor estava me dizendo para fazer e deixá-lo cuidar do resto.

Yohai, nosso segundo filho, nasceu em 1990. Daniel tinha atingido a idade para ir ao jardim de infância, mas não queríamos enviá-lo para um *gan* (jardim de infância) público de Netanya. Quando ouvimos que havia uma boa escola perto de Tiberíades, perguntamos aos pais de Dafna se podíamos alugar seu apartamento em Afula, já que eles estavam nos Estados Unidos. Eles não se importaram e nós só tivemos que pagar o aluguel mínimo do apartamento em Givat haMoreh.

Naquela época tínhamos um carro pequeno, então todas as manhãs eu levava Daniel a um determinado cruzamento para ele pegar o ônibus para ir para a escola, voltava para casa, trabalhava nos meus projetos e voltava uma hora da tarde para pegá-lo novamente. Não foi uma solução ideal, mas era a melhor opção que tínhamos na época.

Nas montanhas do Colorado.

CAPÍTULO 26

Regresso às Montanhas de Colorado

Ao deixar o Colorado fizemos um acordo comercial com o tio de Dafna, Max, sobre as cabanas. Tínhamos lhe emprestado algum dinheiro para fazer as reformas, mas ele não tinha condição de nos devolver essa quantia em dinheiro então nos deu uma das cabanas e ele ficou com a outra, a que tinha sido reformada. Nós tínhamos voltado a Israel sem muito dinheiro, mas éramos proprietários de uma das cabanas.

Pouco antes do início da Guerra do Golfo, no final de 1990, o tio Max telefonou para nos informar que estava vendendo sua cabana e que teríamos que fazer um contrato de sociedade com os novos proprietários. Duas semanas mais tarde, voamos à Toronto para visitar minha família e de lá 'baixamos' para Colorado para fechar o negócio.

A nossa cabana precisava de muito trabalho, então ficamos e começamos a consertá-la esperando que em algum momento o casal que tinha comprado a cabana de Max comprasse a nossa também. Isto acabou acontecendo, mas mais uma vez, ficamos em Colorado por quase três anos.

Nesta estadia em Colorado, começamos a aprender como sair e apresentar o meu trabalho. Cada período de tempo nos ensinou diferentes aspectos do trabalho.

As bases para esculpir e entalhar madeira começaram no kibutz. Joe Dampf foi meu tutor em Toronto, onde comecei o processo de esculpir em barro e depois transferi os conhecimentos para entalhar madeira. Já o chalé no norte do Canadá estabeleceu um padrão de estilo de vida.

Nossa primeira vez em Colorado mostrou-me a cinzeladura e a anatomia da pedra e foi o começo de um interesse pelo bronze. De volta a Israel, comecei a trabalhar em bronze com Dani. A volta ao Colorado nos ensinou como sair e apresentar o trabalho.

Agora embarcamos em outra aventura. Nós 'carregamos' a família,
junto com todas as minhas peças, em uma van Dodge muito velha e
começamos a visitar as igrejas onde fomos convidados.
Geralmente o convite surgia porque éramos artistas ou porque éramos de Israel ou por causa da combinação de Israel e as artes.
Esta experiência nos ensinou como exibir as esculturas e como mostrar e vender o nosso trabalho. Com o passar do tempo, nós projeta-
mos estandes e encontramos uma boa maneira de embalar tudo na
van. Frequentemente, nós tínhamos que viajar por dias para chegar ao
lugar da mostra. Eu converti o furgão em um mini acampamento: a
plataforma de madeira na parte de trás tornou-se nossa cama e atrás
do assento do motorista havia dois bancos enfrentados com uma mesa no meio. Quando terminávamos de comer, às sete da tarde, a mesa
descia, colchões eram colocados encima e os meninos deitavam.
Dafna e eu continuávamos dirigindo até a hora de parar para nós
irmos para a cama, na parte de trás.
Durante este período também aprendemos a lidar com as pessoas,
que é uma arte em si, especialmente saber como responder quando
alguém mostrava interesse.

Gradualmente, também começamos a escrever resenhas que explica-
vam o que eu sentia que o Senhor tinha me dito enquanto estava criando uma obra de arte em particular. Isso se tornou uma parte muito
forte e crucial da apresentação do nosso trabalho.
Durante esse tempo comecei a fazer moldes usando o processo que
aprendi com Dani. Minhas primeiras peças de reprodução foram ven-
didas em mostras de arte. Do Colorado, fizemos muitas viagens com a
van para Vancouver, Canadá, e muitas outras para Carolina do Norte.
Na Igreja da Graça estabelecemos relações especiais com o povo e
com o pastor, Art Carlson.

Mesmo que uma pequena figura de bronze poderia ser vendida por
cerca de US$ 2.000, sabíamos que a maioria das pessoas que vinham a
nossas mostras nunca seriam capazes de pagar esses preços.
$ 200 eles poderiam pagar. Assim, após muita experimentação, desen-
volvemos um método que usava o mesmo molde do bronze para criar
uma obra de arte em pedra fundida, uma peça de alta qualidade, mas
ao mesmo tempo acessível.

Na cabana da montanha de Colorado, nós sempre vivemos com o que tínhamos. Mesmo que o Senhor muitas vezes nos manteve com um saldo bancário de zero, sempre tivemos o suficiente para o que precisávamos. Felizmente, eu não tive nenhum problema para vender meu trabalho artístico. Gradualmente, começamos a ver um padrão: eu vendia uma peça, recebia mais dinheiro do que precisávamos e então ocorriam despesas inesperadas para as quais precisávamos desse dinheiro extra.

Agora estávamos vendendo o nosso trabalho, mas o Senhor ainda gostava de nos mostrar que Ele fornecia. Nossa conta bancária chegava muitas vezes a zero, o que aumentava nossas orações ao Senhor.

Um dia, planejamos visitar o irmão mais velho de Dafna, que morava em Colorado Springs, a duas horas de carro de onde nós morávamos. Nós achamos que havia gasolina suficiente no tanque para chegar lá, mas não tínhamos dinheiro para comprar gasolina para a volta. Isso se tornou um 'princípio da gasolina' em nossa vida na estrada.

Se nós sentíamos que o Senhor estava nos dizendo para ir a algum lugar com as peças e tínhamos gasolina suficiente para chegar lá, nós confiávamos nele para a gasolina da volta, então fomos para o Springs.

Saímos da casa um pouco estressados e nervosos, perguntando-nos de onde tiraríamos o dinheiro. Mesmo que o Senhor tivesse fornecido tantas vezes, mesmo no último momento, ainda ficávamos nervosos. Nossa caixa postal estava a duas milhas da casa, na estrada do condado, então paramos para verificar se tínhamos algum correio. Para nossa surpresa, dentro tinha uma carta com um cheque de US$ 1.500 de uma pessoa em Nova Orleans! Não sabendo quem era essa senhora, lemos a carta.

"Algumas semanas atrás eu estava em uma reunião de senhoras ao lado da minha igreja. Lá eu conheci uma mulher que tinha visitado Israel há mais de um ano e tirou algumas fotos de suas esculturas. Ela casualmente tinha as fotos com ela e me mostrou. Elas me impressionaram tanto que eu tive que comprar duas. Por favor, aceite este cheque como entrada do valor total."

Dafna e eu ficamos espantados, apenas alguns minutos atrás estávamos procurando um trocado para pagar a gasolina, mas decidimos

Replica da escultura 'Intercessão' em tamanho real, na Southern Wesleyan University Central, Carolina do Sul, EUA. Jesus está no centro; o estudante à direita representa a educação através da teoria; a aluna representa a aprendizagem através da experiência. Toda educação é vaidade do homem se não se apoiar ou depender de Jesus e Sua intercessão para cada um de nós.

confiar no Senhor e agora estávamos segurando um cheque de US$ 1.500. Esta mulher tinha feito um trabalho detetivesco completo ao rastrear nosso endereço em Colorado. E esse cheque, enviado por um estranho, encontrou seu caminho para o nosso endereço totalmente afastado no exato momento em que precisávamos!

O casal que havia comprado a cabana de Max agora estava interessado na nossa. Sabíamos que era hora de voltar para Israel. Nossa permanência no Colorado estava chegando ao fim. Aprendemos muito, mas agora era hora de ir para casa. Mas onde moraríamos?

Esta decisão veio a ser uma guinada que afetaria completamente o resto de nossas vidas.

Os pais de Dafna durante o tempo em que estivemos no Colorado tinham se mudado para um assentamento no norte de Samaria. Os assentamentos sempre foram uma questão de opiniões divididas em Israel. O movimento de assentamentos parecia atrair personalidades extremas, o que de certa forma descrevia Joe e Sarah, o pai e a mãe da Dafna. "Perigoso!", dissemos Dafna e eu quando ouvimos sobre seus planos 'pioneiros'. Pensávamos que era uma loucura, mas estávamos nos concentrando em preparar as malas para ir embora, o Senhor nos mostraria onde iríamos viver quando chegarmos lá. Ao chegar a casa, em Israel, os pais de Dafna nos recolheram no aeroporto e nos levaram para sua casa em Cadim.
        "Por que você não aluga alguma coisa em Cadim?", os pais de Dafna sugeriram. "Os aluguéis são baratos aqui e desta forma você terá tempo de olhar e procurar um lugar mais permanente no país para viver."
 Eu estava pensando em viver em Jerusalém ou Tiberíades e isso nos daria algum tempo para procurar. Decidimos que Cadim era um bom lugar para ficar - por um tempo.

CAPÍTULO 27

Intercessão em Samaria

Cadim estava a quinhentos metros de Jenin, uma cidade palestina de cinquenta mil habitantes no norte de Samaria; o assentamento foi criado para ter uma presença judaica na área. Chamados de 'territórios ocupados' por alguns e de Cisjordânia por outros, esta terra bíblica era, e continua a ser, uma parte controversa de Israel. Localizado em cima de uma colina no extremo sul do vale de Jezreel, Cadim tinha cerca de cento e vinte pessoas. A ideia do governo, por trás dos assentamentos, era criar uma presença judaica definitiva quando as pequenas aldeias acabassem se convertendo em grandes cidades. Embora pensássemos que os pais de Dafna estavam loucos para se mudar para lá, os meus sogros não perceberam este passo como anormal e foram aceitos pelo assentamento.

Antes de retornar a Israel, eu pedi ao Senhor para que o primeiro lugar que visitássemos fosse o lugar onde ficássemos, mas como nossos dois meninos não tinham visto seus avós por um longo tempo, decidimos ir direto para Cadim. Seria apenas por um curto período de tempo e pelo menos o aluguel seria razoável. Decidimos ficar lá enquanto procurávamos um lugar 'verdadeiro' para morar. Tendo sempre alugado nossas casas e sabendo que se mudar era um grande aborrecimento, nós nunca teríamos considerado Cadim, muito menos ficar lá por muito tempo. Além disso, viver em um assentamento carregava um estigma porque os 'colonos' eram vistos como reacionários, revoltosos e detestáveis. Eu não queria me identificar com eles.

Crer em Jesus, tentando comunicá-lo através das artes em um país que achava difícil entender quem Ele era, já era controverso o suficiente.

"Vamos ficar em Cadim por alguns meses até encontrar o lugar certo para viver", decidimos.

Começou um período de caça de casas. Vimos vários apartamentos em Jerusalém, mas nada parecia certo.

Então eu tentei outras áreas, mas nunca tive a sensação de que era o lugar certo. Nesse meio tempo, nossos rapazes começaram a fazer amizade com algumas crianças do assentamento.

O irmão mais velho de Dafna, por um arranjo no trabalho, também morava lá com sua família, então para os meninos seria bom ter seus primos nas proximidades. Como as coisas estavam demorando um pouco mais do que o esperado, decidimos matriculá-los na escola. Ainda me resistia a estar lá, apesar dos fatos que Dafna também tinha bom contato com as mulheres de Cadim e que estávamos começando a nos acostumar a morar lá.

Um dos quartos da pequena casa tornou-se minha sala de trabalho. Lá, nós criamos as janelas de vitrais que estão agora na Igreja de Cristo, em Jerusalém. Enquanto estávamos vivendo em Kfar Yona e enquanto eu estava trabalhando como jardineiro, conheci um artista de vitrais que me ensinou a trabalhar com o material. O pequeno quarto transformado em estúdio tornou-se então o quarto para trabalhar o vidro. Eu também ensinei Dafna e a partir de então eu fazia o desenho enquanto ela cortava os pedaços de vidro. No entanto, vitrais sempre tinham sido algo que eu fazia paralelamente a outras coisas e algo que eu nunca tinha buscado ativamente.

Um dia eu andei até a casa dos meus sogros. Durante a caminhada de dez minutos, de uma extremidade do assentamento à outra, passei por uma casa vazia. Tinha sido construída pelo assentamento e estava nos últimos estágios do processo de venda a um jovem casal israelense. Você deve comprar esta casa, o Senhor me disse quando passei. O pensamento ou sensação direta, abrupta, pareciam ter vindo de lugar nenhum. Fortemente contra esta ideia, eu a desdenhei e continuei andando.

No entanto, as palavras continuaram voltando para mim: eu quero que você compre esta casa! Não gostando nada da ideia, eu tentei ignorá-la. Contudo, como seguidor de Jesus eu tinha que receber uma confirmação para saber se isso era de Deus ou não.

Cadim em Samaria (Shomron).

Depois de compartilhar com Dafna o que aconteceu, oramos e eu comecei a jejuar e a buscar o Senhor para saber o que deveríamos fazer. Comprar uma casa teria muitas consequências.

Primeiro, isso significaria que nos tornaríamos membros do Cadim. Em segundo lugar, não seria um investimento real por causa das limitadas possibilidades de compradores potenciais, caso nós quiséssemos vender. Nós nunca tínhamos comprado uma casa antes e eu sabia com certeza que eu não queria viver no assentamento. Mesmo que fossem boas razões, o pensamento inoportuno persistiu.

Por experiência, eu sabia que às vezes eu podia ter certeza de que uma ideia era a vontade do Senhor quando a minha vontade era muito contra ela. Neste caso eu sabia que não tinha sido minha própria ideia, então era possível que ela viesse de Deus.

"Eu farei tudo o que Tu me disseres para fazer, Senhor, mas tenho que ter certeza de que isto vem de Ti", prometi.

Dafna e eu continuamos a orar e jejuar e, como Gideão, fomos tirando diferentes véus. Enquanto agonizávamos pensando sobre a decisão que devíamos tomar, Deus continuou nos mostrando que isso era o que Ele esperava que fizéssemos: Compre a casa!

Mas e esse outro casal que estava nos últimos estágios da compra da casa? Deus cuidou deste problema, o casal desistiu da compra e ninguém ouviu falar mais deles, algo totalmente inesperado por qualquer pessoa envolvida no assunto. A casa estava novamente no mercado. Naturalmente, os membros do assentamento foram surpreendidos por esta reviravolta dos eventos, mas para nós era outra confirmação de que devíamos comprar a casa.

Apesar de tudo isso, ainda não estávamos completamente seguros que essa ideia de comprar uma casa era do Senhor, então decidimos dizer ao secretário do povo que nós éramos crentes em Jesus. Embora este administrador soubesse que não éramos judeus, queria que ele soubesse sobre nossa fé. Assim, se decidíssemos morar no assentamento, ninguém poderia dizer mais tarde que não lhes avisamos. Secretamente, eu esperava que ele ficasse enfurecido ao saber que éramos crentes e talvez nos dissesse que tínhamos que sair ou que só

podíamos alugar uma casa, mas não morar lá permanentemente. Isso me agradaria muito.

"Você pode acreditar no que quiser", respondeu ele. "Nós queremos você aqui."

Eu estava atordoado.

Dafna, no entanto, estava bastante contente em viver no assentamento; ela não se importava de ficarmos. Depois de ter vivido em Cadim por mais de um ano, ela não queria que os meninos tivessem que passar por outra mudança.

"Por que você quer que fiquemos aqui, Senhor?", eu rezei.

Esta é a intercessão, senti-o responder. Era uma palavra que eu não entendia completamente. Amigos nossos se chamavam de intercessores e alguns até mesmo imprimiam isso em seus cartões de visita. Eles me contaram as horas e horas de oração que estavam realizando para resolver certas questões ou assuntos, mas eu não conseguia me ver fazendo isso. Sua obediência a Mim será um ato de intercessão, eu senti o Senhor dizer.

Isso era algo que eu podia fazer. Eu sabia que podia obedecer, o que viria como resultado dessa obediência estaria nas mãos do Senhor. Através dos anos eu cheguei a entender que a INTERCESSÃO é uma oração que está no coração do Senhor. Se Ele nos pede que respondamos a Seu coração e nós obedecemos, começa um 'aterramento' – a expressão de Seus desejos nesta terra. Para mim, essa expressão e comunicação seriam feitas através da escultura.

Agora enfrentávamos outro desafio, um grande, já que o Senhor tinha deixado bem claro que não deveríamos acumular dívidas. Ao longo dos anos tivemos o cuidado de não fazê-lo e isso tinha se tornado parte de nossas vidas.

"Mas, Senhor, quando formos comprar esta casa, teremos que pedir um empréstimo e vamos ficar endividados", eu disse ao Senhor. "Como pode ser esta a tua vontade?"

"Se você estiver endividado em obediência a Mim, você só estará em dívida comigo", o Senhor respondeu.

Agora eu estava realmente perturbado. Com todo o meu coração, eu queria fazer a vontade de Deus; esta era a minha vida. Depois de lutar por dias, eu li a história de Jesus no Jardim do Getsêmani.

De alguma forma, eu podia me identificar com o forte sentimento descrito na história bíblica.

Quando eu li: "Se for a Tua vontade, tira este cálice de mim, mas Pai, a Tua vontade seja feita, não a minha", comecei a chorar e senti o peso dessas palavras.

Até então eu também percebi que não era apenas eu sendo teimoso, tentando ter meu próprio caminho, mas haveria um preço a pagar por minha obediência. Estou pronto para isso?, eu me perguntava e sabia que todos nós, Dafna e meus filhos também, teríamos que pagar um preço alto.

Tudo o que eu podia fazer era confiar e segui-Lo.

Nos anos que se seguiram, construímos nosso estúdio para esculpir e trabalhar com vitrais. Nós conhecemos cada membro do assentamento, cada um com uma personalidade diferente. Coletivamente e individualmente, todos nós aprendemos a lidar com os perigos que envolve morar em Samaria.

Ambas as crianças, Daniel, de nove anos, e Yohai, de cinco anos, iam de ônibus para a escola regional. É uma experiência e tanto ter que acompanhar seus filhos até a parada de ônibus para vê-los embarcar em um ônibus à prova de bala, escoltado por um soldado armado e seguido por um jipe armado com soldados. Diariamente percebemos o custo de morar em Cadim, mas de alguma forma estávamos nos acostumando com o perigo que nos cercava.

Área industrial em Cadim, onde eu tinha meu estúdio.

Com o passar dos anos, nunca se tornou normal ser baleado, bombardeado ou atacado por nossos vizinhos árabes enquanto dirigíamos desde e para o assentamento. No entanto, sempre foi uma possibilidade.

Depois de passar por essa intensa luta e finalmente concordar em fazer a vontade de Deus, nós sabíamos que poderíamos confiar Nele. Saber que Ele era o responsável pelo que nos aconteceu, deu-nos uma profunda sensação de paz.

Apesar da cerca e da presença de tanques, nos sentíamos seguros em Cadim.

CAPÍTULO 28

A Conferência em Haifa

Fazia cerca de cinco anos que morávamos em Cadim, quando viajei para Haifa com dois amigos para participar de uma conferência de dois dias para homens, cujo foco principal era a oração. No caminho para Haifa, nós três estávamos brincando e contando histórias. Meus dois amigos dividiram um quarto enquanto eu fiquei só em outro. Durante o jantar encontramos os demais participantes; o ambiente foi leve e jovial. Eu não conhecia os dois homens americanos que organizaram a conferência, mas foi ótimo ver amigos que eu não via havia muito tempo.

Quando chegou a hora da primeira reunião, foi estranho entrar em uma pequena capela que só era iluminada por algumas velas. Criou uma atmosfera misteriosa, que era definitivamente mais séria do que meu humor nesse momento.

"Por favor, sentem-se." Os organizadores apontaram para as cadeiras que foram colocadas ao redor do perímetro da sala. No centro havia uma pequena mesa com os elementos para a comunhão, pão e vinho, iluminada por uma série de velas - era bastante simples.

"Por favor, preparem-se espiritualmente antes de participar", disse o líder. "Quando cada um sentir que está pronto, pode vir e tomar os elementos orando."

Como crente de longa data, eu já tinha recebido a comunhão centenas de vezes, de muitas maneiras e em muitos lugares. Isto era diferente, mas não totalmente. A sala silenciou-se enquanto todos examinavam seu próprio coração antes de seguir adiante.

Meus amigos e eu tínhamos brincado tanto que eu achei difícil ficar sério, conseguir dar uma boa olhada no meu interior. De alguma forma eu consegui examinar meu coração e levantei-me para tomar o vinho e o pão. Não era de forma casual, mas também não era com sentimentos muito profundos.

Agradeci ao Senhor, lembrei-me dele, tomei o pão e o vinho e quis voltar para a minha cadeira.

De joelhos, senti o Senhor falar comigo. Por toda a sala, os homens estavam em silêncio, orando sozinhos. Mesmo que eu achasse isso um pouco extremo, eu obedeci, esperando que esse ato não chamasse muito a atenção para mim. No entanto, no momento em que eu estava de joelhos, a voz do Senhor me disse: deite-se!

Eu não gostei e lutei contra a ideia, mas decidi que seria melhor obedecer e esperava que não fosse por muito tempo. Percebendo a gravidade da situação, no momento em que eu estava no chão comecei a chorar. Suavemente no início, mas depois meu choro cresceu em intensidade. Era como se eu estivesse segurado ao chão por um peso pesado. Incapaz de me levantar, solucei e solucei. O que está acontecendo, Senhor?, eu chorei interiormente.

A essa altura eu estava muito além do sentimento de embaraço e percebi que o próprio Deus me manteve no chão. O que é, Senhor? O que você quer?, eu supliquei. Então, de repente, senti-o dizer: Você estaria disposto a dar a vida de Daniel pela salvação de Yakov?

Yakov, o administrador do assentamento, era um homem difícil de lidar. Eu lutava. Não! Não posso. Meu filho por Yakov? Eu não vou! Você não pode me forçar, Senhor! Você não pode me pedir para fazer isso. Eu não tenho dado o suficiente?

Foi tão difícil. Eu não acho que alguma vez tenha havido algo tão difícil quanto esse pedido. Mesmo que eu tentei, eu não conseguia me levantar do chão. Senti-me quebrado, acabado, exausto. Ainda chorando pelo que parecia ser um tempo muito longo, continuei a lutar com o pedido de Deus.

Finalmente, eu desisti. Senhor, eu não posso fazê-lo, mas eu quero estar disposto, SE o Senhor me ajudar a superar.

No momento em que rezei essas palavras, o peso levantou. Apesar de me sentir exausto, eu estava em paz, mas ao mesmo tempo me perguntando o que eu tinha feito. O que isso significa? Comecei a chorar novamente. Sem olhar para os meus amigos, eu me esforcei para ficar de pé e fui para o meu quarto, onde a batalha de emoções e perguntas continuou até que esgotado, eu adormeci.

Eu não entendi o que aconteceu, só que eu tive um encontro com o Senhor. O que aconteceu comigo naquela capela foi assustador e intrigante.

Certamente, nunca esqueceria essa experiência e confiei em Deus para esclarecer a situação quando chegasse a hora.

A vida continuou em Cadim.
A escultura parecia ser nossa oração, nossa intercessão. Em geral, a nossa vida tinha um certo ritmo, mas ultimamente falava-se de uma possível redistribuição. As concessões de Israel aos palestinos, em busca da paz, significavam que nós teríamos que deixar Cadim.
Depois de viver sete anos no assentamento, um dia eu fui para o estúdio, como eu normalmente fazia. Era uma bela manhã. Enquanto caminhava pela colina em direção à área industrial, pensando nas exigências daquele dia, em alguns planos e em outras coisas triviais, desfrutava da bela vista do Vale de Jezreel. De repente, o Senhor interrompeu meus pensamentos dizendo: A intercessão está completa. Está feito!
Tinha vindo tão do nada, tão de repente, que me senti abalado. O que isso significa?, eu me perguntava. Para começar, eu não tinha certeza do que era a intercessão, então o que significava seu acabamento?
Tudo começou quando compramos a casa e nos juntamos ao assentamento, Senhor. Isso significa que agora devemos sair?
Não houve resposta, apenas silêncio.
Naquele dia eu estava tão ocupado que não tive tempo para pensar sobre esse encontro.

O dia seguinte parecia começar como qualquer dia normal. Enquanto eu caminhava para o estúdio, muitos pensamentos flutuavam em minha cabeça. Agora você pode orar pela salvação de Israel!
Eu parei, pensando, de onde veio isso? "Agora você pode orar pela salvação de Israel"? O que isto significa? Senti-me abalado. Isso é uma grande empreitada! Mas então eu perguntei ao Senhor: Não é isso que eu tenho feito todos esses anos? Este tem sido o foco principal das minhas orações, Senhor. Eu achava que tudo o que o Senhor fez de alguma forma estava direcionado a esse fim.
Novamente houve silêncio, Deus não derramou mais luz sobre esse desafio. Eu confiava que um dia Ele me mostraria o que isso significava.

Ao longo dos anos eu tinha lido vários livros sobre intercessão, mas o que teve o maior impacto foi Rees Howells: Intercessor, que me mostrou 'atos' de intercessão, com um começo e um fim definidos, que foram concluídos.

Todos os atos mencionados começaram com um ato de obediência, uma resposta que era muitas vezes difícil. Algo tinha de morrer no caráter da pessoa envolvida, algo que ela era ou desejava, e às vezes os planos pessoais tinham de ser sacrificados em obediência ao chamado do Senhor para a intercessão. Dafna e eu começamos a ver um padrão em nossas vidas em relação ao trabalho nas artes, particularmente na escultura. Muitas vezes, parecia que o Senhor inesperadamente criava o que chamamos de 'de repente', que nos levava a procurar Seu coração. Na maioria das vezes isso nos levou a criar uma escultura que de alguma forma refletia aquela palavra ou comunicação específica. O processo criativo foi a nossa intercessão, enquanto a peça acabada foi uma palavra profética, no sentido de que esperávamos que a escultura comunicasse o coração e a palavra de Deus. Com isso em mente, eu sabia que o Senhor iria esclarecer o que Ele queria dizer e voltei ao meu trabalho diário. Nada mais pareceu acontecer.

CAPÍTULO 29

A Palavra 'Retribuição'

Graham Cooke e eu tínhamos sido amigos por vários anos quando, no ano de 2001, ele me convidou para participar de uma conferência em Southampton onde ele ia falar. Graham tinha comprado muitas das nossas esculturas pequenas e muitas vezes me convidava para conferências em sua igreja, na Inglaterra. Desta vez, no entanto, eu estava tão atolado de trabalho que eu não podia pensar em ir. Depois de, casualmente, orar sobre isso, uma manhã o Senhor me disse: VÁ! Eu resisti, mas quanto mais eu recusei, mais pressão espiritual eu experimentei. Finalmente eu cedi e comecei a fazer os preparativos para voar para a Inglaterra.

'Retribuição' - que nome estranho para uma conferência, eu pensei. E o momento, bem na época de celebrar o Purim em Israel. Este é o feriado sobre a história de Ester e a salvação dos judeus. Eu sabia que Graham não tinha intencionalmente ligado a conferência a este feriado, mas pensei que era interessante.
Ao chegar em Southampton, no primeiro dia da conferência, fiquei surpreso e comovido ao ver que Graham tinha exposto todas as peças de arte que tinha comprado de nós ao longo dos anos. "Espero que isso traga mais alguns pedidos para você", ele me disse.

Naquela noite de quinta-feira o foco principal estava na adoração. Conhecendo a banda da adoração bastante bem, eu estava ansioso pela chegada da noite. Naquela noite, quando a adoração começou, a música pareceu me envolver. Fiquei surpreso ao perceber que tudo ficou intenso e profundo muito rápido. Olhando para a banda, notei uma mulher tocando violino que eu nunca tinha visto antes. A música estava alta e eu pensei: Legal que tenha um violino, mas quem vai ouvir? Este foi apenas um pequeno momento de distração que logo foi levado pela música. Fechei os olhos e deixei-me cair no culto. Eu desfrutei desse sentimento de estar na presença do Senhor, experimentando esta paz, este lugar de quietude dentro de mim.

De repente, a música parou. Graham pegou o microfone e disse:

"Este é o ano da 'retribuição', este é o ano de graça e favor sem precedentes, este é o ano em que o Senhor vai retribuir tudo o que foi devastado em você; tudo o que o inimigo tirou de você, tudo o que os gafanhotos roubaram de você será devolvido." Ele falou essas palavras fortes com autoridade para as trezentas ou quatrocentas pessoas que estavam no auditório aquela noite. Deve haver algumas pessoas aqui que tiveram um passado abusivo, eu pensei, e o Senhor vai curar essas feridas. Boa palavra, mas não para mim. A banda continuou a tocar, então eu me encostei para trás na cadeira para apreciar a música, mas de alguma forma a atmosfera tinha mudado.

No segundo dia de conferência, Graham me convidou para dizer algumas palavras. Eu acho que ele queria que as pessoas vissem que eu era o artista que tinha feito as esculturas, no caso de alguém querer fazer um pedido. Naquela noite, a sessão começou com outra explosão de música e novamente me encontrei entrando num lugar com o Senhor; Sua presença quase tangível me alertou. Enquanto a música subia, novamente Graham pegou o microfone e repetiu as mesmas palavras que falara ontem:

"Este é o ano da 'retribuição'; este é o ano de graça e favor sem precedentes ...".
Eu fiquei irritado, pois eu estava desfrutando o culto que ele novamente tinha interrompido. Graham, aqui estão as mesmas pessoas de ontem, eu pensei egoistamente. Você disse a mesma coisa na noite passada. Por que repetir isso?
Eu parei de ouvir até que Graham mudou, ele disse algo que puxou minha atenção de volta para as suas palavras.

"Isto não é para você pessoalmente, mas é para as pessoas que eu tenho anexado a você!"

Nunca serei capaz de explicar isso completamente, mas no momento em que Graham disse: "Isto é para as pessoas que eu tenho anexado a você!" de repente senti como se o Senhor estivesse falando diretamente comigo. Sem qualquer aviso, eu de repente senti como se eu não pudesse respirar, como se eu tivesse sido socado no estômago, eu senti como se todo o ar na sala tivesse sido sugado e cai no choro.

Incapaz de me levantar, sentei-me inclinado na cadeira e chorei incontrolavelmente. Neste momento de luta eu clamei ao Senhor: "O que é isto? O que está acontecendo? " Eu senti o Senhor falar: a retribuição para o povo judeu é de seis milhões!

Minha mente ainda girava. Eu não entendia, mas por causa do número eu percebi que tinha algo a ver com o Holocausto. O Holocausto? Eu não entendo. Senhor, eu não entendo o que está acontecendo comigo agora, mas por que o Holocausto?

Eu senti o Senhor falar novamente: Vou trazer para o Reino seis milhões pelo que foi devastado no Holocausto. Isso me sacudiu, eu não entendi o que tinha sido comunicado para mim, o que tinha acontecido comigo. No entanto, eu sabia que era Ele.

Lentamente, voltei para mim. Minha cabeça estava cheia de perguntas sem resposta. Sabendo com certeza que isso era de Deus, fiquei muito assustado. A música estava tocando de novo já fazia algum tempo, mas parecia distante. Tentei descansar, eu não tinha ideia do que Ele queria dizer ou de como o Senhor faria o que ele havia dito. Seis milhões! Esse número era muito grande para mim; eu não conseguia entender. Começando a me sentir mais calmo, pensei: O que o Senhor quer de mim, através desta palavra? Eu não posso me relacionar com isso, não posso compreendê-lo.

Incapaz de negar que isso tinha sido o Senhor, eu tive que colocá-lo em algum tipo de prateleira interior para ser examinado mais tarde. Agora, eu precisava descansar e fazer um esforço para me recompor. Durante o resto da noite, fiquei me perguntando por que as últimas palavras de Graham haviam desencadeado uma poderosa reação dentro de mim. Tinha tocado profundamente a relação de quase vinte e cinco anos que eu tinha com o povo judeu e sua terra.

O holocausto e o nascimento de Israel estavam comigo desde o início da minha caminhada com o Senhor. Mesmo antes de eu ter dado minha vida ao Senhor, esses dois assuntos tinham provocado lágrimas. Hoje à noite, o Senhor tinha tocado esse fundamento, como se quisesse construir sobre ele. Mas o que?

Eu não queria pensar nisso. O Holocausto era um lugar aonde você ia com perguntas para as quais você nunca receberia respostas.

Seria muito melhor ficar longe dele e nem se aproximar lá. É este o começo de uma nova escultura?, eu me perguntava.

Situações semelhantes haviam sido usadas pelo Senhor para chamar minha atenção e em resposta eu tinha feito algumas esculturas, mas o alerta nunca tinha sido tão forte como era agora. Parecia santo, intocável e eu precisava de alguma distância. Você terá que me explicar um pouco mais, eu disse ao Senhor, mas não tinha certeza de que eu poderia suportar que Ele revelasse esse 'mais'. Eu realmente quero esta confirmação?

Naquela noite eu dormi com a minha pergunta, mas dormi bem. O dia seguinte estava cheio de atividades da conferência, mas eu não estava realmente lá. Meus pensamentos me levaram ao mundo das perguntas, 'Retribuição', seis milhões, o reino? Eu me sentia bem, mas estava desconectado e não queria falar com ninguém, queria ficar sozinho com as minhas perguntas.

Na hora do almoço, enquanto esperava encontrar um lugar sossegado fora para comer sozinho, a violinista me emboscou no saguão. Ela me pegou exatamente quando eu estava tentando sair. "Você é o escultor de Israel que falou algumas palavras ontem?", ela perguntou.

Quando eu relutantemente respondi que sim, ela me disse que queria me fazer algumas perguntas. "Você gostaria de tomar um café comigo?"

Mesmo que eu quisesse dizer 'não', eu de alguma forma acabei concordando em ir junto.

Ruth Fazal era uma violinista profissional que vivia e trabalhava em Toronto. Ela começou contando uma história de como o Senhor a puxou para um processo criativo de escrever um oratório. Eu não sabia o que era um oratório, mas sabia que era algo musical e imaginei que eu aprenderia mais ao longo da conversa. Quando Ruth explicou que esta peça musical estava baseada na poesia de crianças judaicas do Holocausto, ela teve toda a minha atenção. Fiquei fascinado com a história sobre como seu processo criativo através da música tinha tocado este lugar terrível da memória. Fiquei fascinado, mas também assustado de ouvir esta história agora, na manhã após ter recebido essas palavras pesadas e desconcertantes do Senhor.

Eu não disse a ela o que tinha acontecido comigo porque eu não queria divulgá-lo, então eu apenas escutei.

Quando Ruth soube que Dafna, os meninos e eu iríamos a Toronto para visitar meus pais, ela sugeriu que nos reuníssemos lá em cerca de três meses. Ao mesmo tempo, eu também tinha que instalar uma grande escultura de bronze em uma universidade no norte de Indiana. Mais tarde, pareceu uma coincidência que o tema da peça foi Jesus lutando sobre o cálice de dores no jardim do Getsêmani. Gradualmente eu aprenderia o significado do tempo de Deus.
Três meses depois, quando nos encontramos em Toronto, novamente para tomar um café, Ruth nos contou como seu trabalho no oratório prosseguiu. Foi bom conhecer-nos um pouco mais, então contamos para ela a nossa programação e planos.

"Dafna e eu estaremos na Carolina do Norte para começar uma nova peça de escultura e depois voltaremos para Israel", eu disse a ela.

"E eu estarei dando uma conferência na Carolina do Sul nesses dias!", Ruth disse empolgada.
Decidimos nos encontrar novamente lá.

CAPÍTULO 30

As Últimas Sete Palavras
Poema 'As Últimas Sete Palavras', de Gary Wiens

No meio do verão de 2001, dirigi quatro horas para chegar à conferência da Carolina do Sul, onde encontraria Ruth. Como Dafna não tinha conseguido me acompanhar, eu planejava ficar apenas uma noite.
A conferência foi organizada por Ruth Fazal e um homem chamado Gary Wiens, de Kansas City, que eu conheci mais tarde naquele dia, juntamente com alguns dos músicos.

No dia seguinte, durante uma pausa entre as sessões, alguém me disse que eu tinha que ficar outra noite porque Ruth e Gary iriam fazer 'As Últimas Sete Palavras' juntos.
"O que é isso?", eu perguntei.
"É um poema baseado nas últimas sete palavras de Jesus na cruz", explicaram. "Ruth e Gary o apresentam em diferentes conferências, o poema é da perspectiva de João, pois ele foi o único discípulo que permaneceu durante a crucificação".
Eu decidi ficar e voltar para Carolina do Norte depois, sem ter qualquer ideia do que estava preparado para mim.

A narração de Gary do poema, acompanhada pela melódica música de violino de Ruth, era poderosa, cheia de emoções crescentes e realidades esmagadoras.
Senti a dor de João ao ver e ouvir o seu melhor amigo lutar para falar aquelas últimas palavras enquanto, ao mesmo tempo, observava Ele sofrendo naquela cruz. Ele evocou tantas imagens visuais em mim que era como se eu estivesse lá, com eles. Cada palavra falada, executando seu próprio drama, foi seguida pela resposta de João. Cheio de magia, escutei a recitação de uma hora.
Depois, durante o café, Gary e Ruth me perguntaram o que eu achava do poema.

118

"Não tenho palavras para isso." Sem palavras, apenas imagens
flutuando pela minha cabeça, batendo uma na outra. Eu tive que
ordená-las.

Assim, ao longo das quatro horas da viagem de volta a casa, eu fiz
muitos esboços na minha cabeça. Eu tinha certeza de que tinha que
fazer algo deles.

Um desenho? Uma escultura? Mas como eu poderia comunicar essas
palavras de crucificação através de uma figura? Já era tarde quando
voltei, mas pegando meu caderno de esboços, rapidamente desenhei
algumas figuras básicas para que, pelo menos por enquanto, tivesse
um lembrete visual do que eu vira. Durante as duas semanas seguintes, continuei a gastar muito tempo nesses desenhos, que até então
se haviam desenvolvido em sete cenas da crucificação e, diante de
cada um deles, havia sete figuras em diferentes posições relativas a
cada uma das palavras. Eu lutava para acertar, porque apesar da crucificação ter que ser vista como um todo, ao mesmo tempo ela estava
dividida em sete partes.

Uma noite esbocei sete painéis e os dividi com pilares de pedras. De
repente eu senti o Senhor entrando no meu pensamento enquanto
esboçava. O que representam essas pedras empilhadas uma em cima
da outra?, Ele perguntou. Isso pareceu abrupto, mas eu imediatamente pensei no povo de Israel entrando na terra depois de atravessar o
Jordão e nos sacerdotes empilhando pedras umas em cima das outras.
Um memorial foi a palavra que veio à mente. No momento em que
este pensamento veio eu comecei a experimentar as emoções da palavra 'Retribuição'. Eu não estava preparado para isso, mas novamente
o Senhor falou e disse: conte quantas colunas de pedra você fez. Havia
seis.

Desde que a palavra "Retribuição" estourou na minha vida, cerca de
seis ou sete meses atrás, o Senhor não a tinha revisitado. Eu esperava
sinceramente que ficasse assim, mas os seis divisores de pedra trouxeram tudo de volta, até mesmo a poderosa emoção que tinha evocado
em mim naquela época. Isso me alarmou.

Um memorial para os seis milhões? Isso não pode estar relacionado
com as sete últimas palavras da crucificação! Eu não posso colocar a

crucificação e o Holocausto juntos! Por dentro quase gritei, eu gritava:
Não pode juntá-los e esperar viver em Israel!

A maioria dos israelenses diria que foi a crucificação o que criou o
Holocausto. A nova revelação do memorial aos seis milhões ficou
comigo por dias e eu não sabia o que fazer com ela.

Depois de entregar a minha vida ao Senhor, eu lhe havia dito que se
Ele fizesse Sua vontade conhecida, eu ia responder, eu faria o que Ele
quisesse. Naquele período da minha vida, parecia a coisa certa a dizer
e eu quis dizer o que eu disse. Desta vez, no entanto, eu teria que
pagar um preço muito alto pelo que o Senhor parecia estar me pedindo.

Comecei a olhar as sete últimas palavras, ponderando seus significa-
dos:

"Pai perdoa-lhes, eles não sabem o que fazem."
"Hoje você estará comigo no Paraíso."
"Mãe, este é o teu filho, filho esta é a tua mãe."
"Meu Deus, meu Deus, por que me desamparaste."
"Tenho sede."
"Está terminado."
E finalmente: *"Em suas mãos eu encomendo meu espírito".*
Cada uma carregava um mistério, uma profundidade. Cada uma seria
um portal que me chamava para entrar.

Sentindo-me então atraído pelo discípulo João, fiquei imaginando
como poderia representá-lo. Como um jovem judeu vestindo uma
camiseta e jeans, uma versão moderna do discípulo? O memorial dos
seis milhões de judeus assassinados representados pelos seis pilares
será algo entre mim e o Senhor, pensei, querendo manter o significado escondido. Ao olhar para o trabalho, ninguém o ligaria ao
Holocausto.

Satisfeito com esta solução, peguei o meu caderno de esboços e
comecei a expandir meus desenhos iniciais. Talvez também devesse
haver água nisso, pensei. Água que flui sobre a superfície dos painéis
de crucificação.

Tínhamos estado em contato com Ruth e ela sabia que eu estava trabalhando em um projeto que tinha a ver com o poema.

Durante uma conversa telefônica eu contei para ela sobre incorporar a ideia da 'fonte'.

Interrompendo-me ela disse: "Espere um segundo!" Poucos minutos depois, ela estava de volta. "Este é um versículo que o Senhor me deu quando comecei a escrever o Oratório. É de Jeremias, nove." E então ela citou: ***"Ó Senhor, que minha cabeça seja uma fonte de água, e meus olhos uma fonte de lágrimas, que eu possa chorar dia e noite pelos massacrados do meu povo."***

Profundamente tocado, eu também fiquei surpreso, percebendo que a ideia de acrescentar água a este trabalho estava ligada às lágrimas derramadas sobre o povo morto de Israel. Sem saber, Ruth havia dado o nome à obra.

Agora eu também entendi o significado por trás dela: era uma inter-cessão para os massacrados, uma lembrança deles. Eu queria manter o Holocausto a uma distância segura da Crucificação, mas o Senhor não estava permitindo isso.

Chegara a hora de dar o próximo passo.

Trecho do Poema "As sete últimas palavras de Cristo", de Gary Wiens.
Usado com sua permissão

Prólogo - Ante seus pés
Ante seus pés, Ó Cordeiro de Deus,
Pego meu lugar.
Eu respiro Seu nome
À medida que as lágrimas em eloquência silenciosa declaram meu
agradecimento.
Seu rosto despedaçado anuncia cura para esta imagem quebrada,
Troveja Sua paixão, declara Seu amor...

...

Eu pego Sua mão,
Pois o Senhor a esticou para mim sobre a cruz.
Como eu poderia evitar seguir o Senhor, que é minha alegria,
minha própria vida.
Seu precioso amor ganhou o dia,
E me aproximou.

Epílogo - a Manhã
A manhã chegou,
E mais uma vez eu me encontro ante Seus pés.
Seus olhos, vivos com um fogo que nunca vi, estão fixos em mim novamente,
E eu sei.

...

Eu virei para partir, e lá o Senhor estava de pé,
E pegou minha mão e falou meu nome e me aproximou.
Seu coração batendo contra minha bochecha soltou as lágrimas,
Já que mais uma vez, tomei o meu lugar, o que vive dentro do Seu coração.
E então chegou a manhã,
E mais uma vez eu me encontro ante seus pés.
Seus olhos, vivos com um fogo que nunca vi, estão fixos em mim novamente,
E agora eu sei.
Eu sei.

CAPÍTULO 31

Uma Encomenda Celestial

Até então eu já tinha recebido confirmações suficientes e decidi fazer modelos em uma escala de um a seis, cada um representando João. As figuras de 12 polegadas (cerca de 30 cm) do modelo escalado ficariam diante de uma parede de painéis de crucificação de nove pés (cerca de 3 metros) de comprimento e dois pés (60 cm) de altura. Para a figura de João, eu usei fotografias que eu tinha tirado do rosto de um amigo judeu, com seu consentimento, é claro. Tinha um rosto maravilhoso para João, afetuoso, compreensivo, com pequenas entradas no seu abundante cabelo encaracolado.

Para criar uma escultura, eu sempre comecei construindo uma estrutura de arame que serve de esqueleto para apoiar a argila. Mesmo uma armadura de fio comunica algo através de sua linguagem corporal simples e neste caso me deu a orientação básica para as figuras de João respondendo a cada uma das sete palavras. Depois que a massa corporal com a argila foi adicionada, a figura ficou mais detalhada, embora ainda básica. Deixando a cabeça careca, decidi deixar o cabelo para o final e trabalhei firmemente nas fases iniciais de cada uma das posições que os modelos teriam e suas expressões corporais.

Eu já tinha uma certa ideia em mente para o primeiro painel de: "Pai perdoa-lhes, porque não sabem o que fazem". Portanto, tinha chegado o momento de trabalhar sobre os detalhes do cabelo do modelo, a expressão facial e as mãos. Quando chego a este estágio da escultura, sinto a seriedade de trabalhar nessas partes já que elas expressam a maior parte da comunicação. Nessa fase pode-se transmitir ou destruir a mensagem emocional. As mãos saíram bem, o rosto estava se desenvolvendo muito bem e agora cheguei à parte usualmente fácil, que dá distinção à figura - o cabelo. No entanto, no momento em que eu adicionei o cabelo, ele não parecia certo, então eu o tirei removendo o barro.

Novamente eu tentei adicionar o cabelo, que parecia estar certo, mas mesmo que as proporções do rosto e da cabeça estivessem corretas, de alguma forma o cabelo não combinava com o rosto. Então eu tirei de novo e de novo até que eu parei. Ao longo dos anos, enquanto modelava centenas de figuras, em um ponto ou outro eu sempre lutava para obter a cabeça e o rosto certo. No entanto, desta vez foi diferente; era o cabelo que estava causando o problema.
Criar um modelo nunca tinha sido tão difícil antes.
Depois da minha enésima tentativa fracassada, fiquei tão frustrado que decidi deixar a figura do jeito que estava e passar para o próximo painel: "Hoje estarás comigo no Paraíso".

Não houve problemas com a escultura inicial. Mesmo nesta forma básica eu podia sentir a palavra que me emocionava e eu gostava de trabalhar nisso. Mas então, quando cheguei à instancia de acrescentar o cabelo, senti-me estranhamente bloqueado. Mais uma vez eu tentei dar à figura o cabelo, mas não conseguia fazê-lo direito. Todo o resto parece certo, então o que está acontecendo com o cabelo?, eu me perguntava. Decidindo deixá-lo careca também, passei para a figura seguinte até que todas as sete esculturas representando João estavam prontas. No entanto, todas estavam calvas. Eu não entendia, pois todos esses modelos de barro pareciam expressar o que eu tinha sentido durante a recitação do poema. Como podia se sentir certo e errado ao mesmo tempo?

Talvez tenha a ver com algo que eu estou passando, eu pensei e decidi continuar com a próxima fase - fazendo os moldes. Consiste em fazer a figura em cera, deixando-a pronta para a parte da fundição do bronze. Como eu ainda seria capaz de fazer mudanças na escultura, eu decidi deixar o problema do cabelo para mais tarde. No entanto, quando eu tinha que terminar a escultura para poder continuar, eu ainda era incapaz de colocar o cabelo nas figuras. Completamente frustrado eu orei, "Senhor, o que é isso? Eu não entendo!"
     "Qual foi a identificação mais visual dos homens e mulheres nos campos de concentração?", o Senhor pareceu me perguntar.
Imediatamente eu soube: suas cabeças foram raspadas! Fui trazido de volta ao momento em que eu tinha recebido a palavra 'retribuição'.

Embora não quisesse ir lá, não tive escolha.

Uma onda de emoção varreu-me e eu comecei a chorar. Era como se eu sentisse os próprios sentimentos de Deus sobre este assunto.

Era tão difícil, tão doloroso. Isso me assustou.

Quando eu continuar a trabalhar neste projeto eu não terei um lugar para me esconder!

Eu sabia. Se este modelo de João ia se tornar uma pessoa de um campo de concentração, não só a sua cabeça estaria raspada, ele também deveria estar vestido com as roupas listradas da prisão. Todos saberão imediatamente que este é o Holocausto. Contudo, foi o Senhor falando e eu tinha prometido obedecê-lo. Senti-me miserável.

Em certo sentido, sofri essa revelação por dias, porque mudou tudo o que eu pretendia fazer. Embora o foco tivesse sido o poema das sete últimas palavras de Jesus e a resposta de João, ele agora se tornou a resposta do Holocausto às sete últimas palavras. Eu posso perder todos os meus amigos israelenses, pensei. Todos eles sabem que eu sou um crente em Jesus e eles respeitam isso, mas eles vão dizer que fui longe demais e não vão querer ter mais nada a ver comigo.

Eu achei este pensamento muito difícil e me levou muito tempo dizer: "Tudo bem, Senhor, sua vontade será feita" e obedecer a Sua sugestão.

De repente, eu entendi como João deve ter se sentido quando ficou em pé aos pés de Jesus - ele e eu compartilhamos o mesmo Senhor. No meu próprio pequeno caminho, eu podia me relacionar com as palavras do poema como um amigo íntimo e seguidor de Jesus. Mas o Holocausto? Como eu poderia saber os sentimentos do Holocausto? Como uma figura representando o Holocausto reagiria às palavras ditas durante a crucificação? A crucificação de Jesus, que é o que os judeus percebem como a fonte do ódio para com eles!

Meu clamor final ao Senhor foi: "Como crio um memorial se eu mesmo não tenho memória? Eu sou um gentio; não há ninguém na minha família que seja judeu, ninguém que tenha passado pelo Holocausto! Eu tenho que ter um ponto de início, algo de memória para tirar de dentro de mim!"

Pressionando mais ainda, eu acrescentei: "Eu sou canadense, eu nem tenho uma memória nacional de onde 'puxar'. Se eu tivesse nascido na França ou na Holanda, pelo menos haveria uma memória nacional!"
Pensando em minhas palavras, elas faziam sentido e eu me sentia justificado. Usando isso como argumento eu poderia me afastar. Em meu momento de autossatisfação senti o Senhor me interromper com três palavras muito simples: "Mas eu tenho!" Ele pressionou ainda mais: "Eu tenho uma memória de cada criança, cada homem, cada mulher, cada grito de cada poço, cada vagão de trem, cada câmara de gás. Você cria da Minha memória, não da sua!"

Tendo chegado ao meu último ponto de resistência, abracei Seu coração.

CAPÍTULO 32

Esculpindo e Meditando

Na primavera de 2003, muitos desenhos e modelos mais tarde, comecei os preparativos para os sete painéis de relevo em tamanho natural, representando as sete últimas frases que Jesus falou na cruz.
Os painéis deveriam ter seis pés de largura por doze metros de altura (cerca de dois por quatro metros).
Meu estúdio no assentamento não era grande, mas eu consegui colocar os sete quadros no chão do meu exprimido espaço de trabalho de tal forma que eu podia trabalhar e ver todos eles.

Enquanto eu estava esculpindo a figura de cada palavra em particular, meditava e pensava nela. Como posso expressar essa palavra através de Seu rosto enquanto, ao mesmo tempo, transmito uma dor tão inimaginável?, eu me perguntava. Ele esquece a dor por um momento quando Ele fala a palavra, ou eles são um parte do outro? A dor dá força ou autoridade à palavra? No muro que estou criando, como posso deixar Suas mãos se comunicarem? Os pregos limitam o movimento, mas não completamente.

Esculpir esses painéis tornou-se minha meditação interna e, enquanto eu orava, tornou-se Sua comunicação visual. Eu senti fortemente que não devia haver uma impressão da cruz nos painéis da crucificação. Historicamente falando, esse signo tinha associações extremamente negativas para o povo judeu e eu sentia que o foco deveria ser na crucificação e não na cruz.
A figura que representa o Senhor crucificado emerge de dentro da parede feita com uma pedra altamente texturizada de Jerusalém, que tem uma textura própria e característica. A figura estava dentro e era parte da parede, a tal ponto que as linhas dos blocos passavam diretamente através do corpo.

Como a figura crucificada está tão profundamente imersa nas pedras, dá a impressão de que está dividida em dois.

Da mesma forma, as figuras que representam o Holocausto também se tornaram uma meditação contínua. Comecei a descobrir que as posições do corpo criadas para a figura representando João também se tornaram a comunicação do corpo para as figuras do Holocausto.

O Senhor sabia desde o início o que essas figuras estariam dizendo. Levamos anos para entender as camadas de comunicação em cada uma das esculturas do Holocausto.

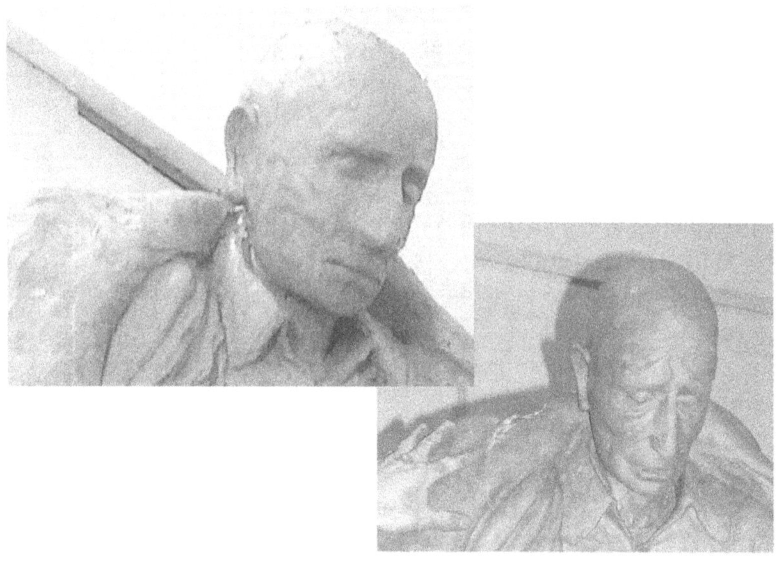

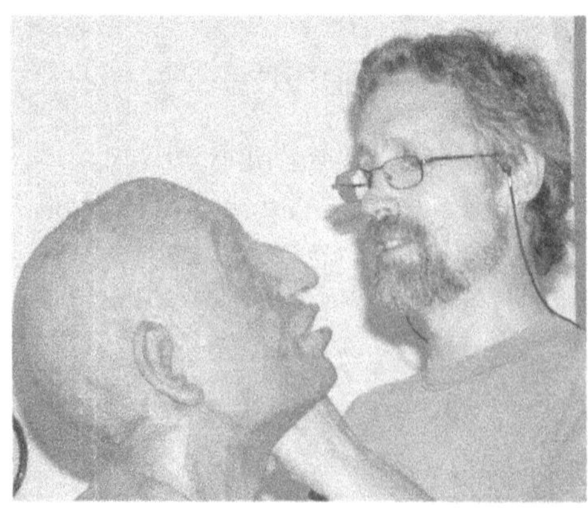

CAPÍTULO 33

Encontro com o Modelo do Holocausto

Como a imagem tinha mudado de João, o discípulo, para uma pessoa que representava o Holocausto, eu tinha que encontrar um novo modelo. Yad Vashem, o museu memorial do Holocausto em Jerusalém, tem um grande arquivo de fotos com quase dois milhões e meio de imagens digitais. Algumas provêm de doações de álbuns pessoais e outras foram tiradas por soldados aliados, nazistas ou o exército russo. Por duas horas e meia eu fiquei olhando para a tela do computador, procurando um rosto específico que poderia simbolizar ou ser um modelo para a figura do Holocausto dentro do meu trabalho. Foi muito difícil olhar para aquelas fotos, porque elas me levaram para um mundo de escuridão e dor que eu só conhecia superficialmente.

De repente, um rosto apareceu na tela. Emoldurado da cintura para cima, o retrato de um homem muito magro, com um cobertor enrolado ao redor de seus ombros, olhou diretamente para mim. Seu rosto, terrivelmente triste, estava desgastado e enrugado e ele parecia muito cansado. No entanto foram seus olhos que me tocaram profundamente. Apesar de sua exaustão, eu parecia notar um lampejo de vida e eu podia imaginar ele sendo capaz de me contar muitas histórias. Esse é ele! Eu sabia que ele seria meu modelo.
O funcionário do Yad Vashem fez uma fotocópia para eu levar para casa, mas não podia me fornecer qualquer informação básica, como o nome dele, de onde ele era ou quantos anos ele tinha.

Durante os nove meses seguintes, ao criar as respostas do Holocausto às sete últimas palavras, comecei a conhecer o rosto além da foto. Eu tentei tirá-lo para fora da página, para torná-lo tridimensional. Cada uma das sete figuras do Holocausto foi esculpida com a foto fotocopiada por perto. Cada resposta exigia outra postura corporal e uma expressão facial diferente.

Eu criei suas expressões adivinhando o modo como suas linhas faciais mudavam quando ele gritava ou quando ele estava em profundo de-

sespero, com medo ou com raiva. Eu passei tantas horas com esse rosto que eu conhecia cada linha e cada possível movimento muscular. Como a fotocópia nunca mudou, ela sempre me deu um ponto de partida. Conforme as peças acabadas começaram a encher meu estúdio, ele estava em toda parte.

Quando eu estava prestes a fazer a frase final: "Em suas mãos entrego meu espírito", recebi um telefonema de uma mulher alemã que eu conhecia que vivia em Jerusalém. Ela organizava viagens à Polônia para visitar os seis principais campos de extermínio nazistas. Sabendo que eu estava trabalhando em uma peça relacionada com o Holocausto, ela pensou que eu poderia estar interessado em me juntar a eles. Até então eu tinha ficado 'enterrado' havia meses dentro dessa meditação e o modelo da fotocópia em preto e branco tinha sido transformado em seis figuras em tamanho real, cada uma com sua expressão. Parecia uma boa ideia fazer uma pequena pausa e continuar a pensar na escultura final enquanto visitava os diferentes campos de concentração.

Nosso grupo se reuniu em Oswiecim, o nome polonês para Auschwitz, onde o campo estava localizado. Nosso passeio começou em Auschwitz-Birkenau, o maior e mais infame dos campos de extermínio nazista. Embora os nazistas tivessem centenas de campos de concentração em toda a Europa, os seis campos de extermínio estavam todos na Polônia. Antes de visitarmos o museu do campo de Auschwitz, eles nos mostraram um documentário de quinze minutos sobre a história e a construção do campo.

Como eu já esperava, a atmosfera no quarto era densa. O antigo filme em preto e branco, narrado em inglês, foi compilado a partir de imagens nazistas e imagens arquivadas. A última parte continha imagens russas, já que eles tinham sido os que libertaram o campo em janeiro de 1945. Durante esse janeiro, em meio a um intenso inverno, a maioria dos prisioneiros tinha sido forçada a realizar marchas da morte para a Alemanha.
Os que haviam sido deixados para trás eram usualmente doentes, mas alguns tinham conseguido se esconder.

Os russos que libertaram o campo filmaram tudo o que estavam descobrindo. Eu quase podia sentir as emoções do operador de câmera expondo o horror que eles encontraram.

Quando eles entraram em Birkenau, por alguma razão a filmagem ficou focada na parte de trás de um dos quartéis de madeira. A porta do quartel se abriu e um homem saiu e começou a caminhar em direção à câmera. À medida que ele se aproximava, a câmera enquadrou a metade de seu corpo para conseguir mostrar seu rosto. Por cerca de dez segundos, o prisioneiro foi filmado falando. Quando eu olhei pela primeira vez para o rosto deste prisioneiro, um pensamento penetrante entrou na minha cabeça: eu conheço esse homem! No entanto, eu argumentei: Como eu poderia conhecer alguém de 1945 que foi um prisioneiro escondido em Birkenau? Apesar desse fato, de alguma forma sabia que o conhecia. Eu fiquei pensando, com minha mente girando. Como isso pode ser? De quem ele me lembra? De repente, bateu na minha cabeça: Este é o meu modelo! Este é ele! Este é o mesmo homem, este é o mesmo rosto que eu tenho estudado com tanto cuidado por quase um ano!

Eu queria gritar, anunciar: "Eu o conheço! Eu conheço cada linha em seu rosto, cada uma delas!"

Por um longo tempo a câmera permaneceu focando ele e ele até falou com o cinegrafista; mas como o filme em preto e branco não tinha áudio, eu não podia ouvir o que ele dizia, só ver sua boca se mover. Eu queria dizer algo para ele, mas o filme terminou.

Aturdido, eu não sabia o que fazer. Eu queria ver o filme novamente, mas tivemos que sair. Eu não poderia explicar o que eu sentia aos outros integrantes do meu grupo. Eles não seriam capazes de entender se eu lhes dissesse que tinha visto alguém que eu conhecia, mas ao mesmo tempo não conhecia. Que eu passei grandes quantidades de tempo com uma pessoa que até agora tinha sido um rosto em um pedaço de papel, manchado com argila e impressões digitais.

Durante o resto do dia, todos os tipos de pensamentos correram pela minha mente. Ele sobreviveu! Sobreviveu a Auschwitz! Mas qual era o nome dele? Para onde ele foi depois da guerra? Ele se mudou para Israel? Ele tinha filhos? Poderiam estar vivendo na mesma cidade em que eu moro?

Todas essas questões se misturaram com o que eu vi a seguir no campo, o lugar em que ele tinha sobrevivido contra todas as probabilidades. Quem poderia ter adivinhado a probabilidade de que, entre dois milhões e meio de fotos em Yad Vashem, representando milhares de lugares e tempos diferentes, eu escolhesse o mesmo rosto que aparece em um filme de apresentação do museu de Auschwitz?

Era inacreditável, mas para Deus nada era impossível. Eu sabia que se Deus tinha me permitido 'conhecer' esse homem, eu tinha que descobrir seu nome e aonde ele foi parar depois da guerra. O único fato que aprendi com o filme foi que ele tinha quarenta e dois anos na época da libertação.

Desde aquela época, fui a Auschwitz muitas, muitas vezes e já conheci algumas das pessoas que trabalham no escritório do museu, alguns historiadores e o homem encarregado dos arquivos. Ao conferir os nomes que foram registrados pelos russos, reduzimos a lista para 120 homens que teriam 42 anos naquela época.

Enviei o fragmento de filme do homem falante para uma escola para surdos na Polônia, perguntando se alguém poderia ler seus lábios e descobrir o que ele estava dizendo. Se ele falava polonês, isso também restringiria minha busca.

Todos no museu Auschwitz tem sido muito prestativos e pacientes com a minha pesquisa.

"É como tentar encontrar uma agulha em um palheiro", diziam eles.

"Mas pelo menos eu descobri que há um palheiro", eu respondi para eles.

Benjamin Netanyahu visita Cadim durante as negociações da desapropriação.

134

CAPÍTULO 34

Redistribuição e uma Voz Chorando no Deserto

Voltando ao assentamento depois da viagem à Polônia, as coisas mudaram, ficaram mais profundas. Ao esculpir a figura final, que simboliza o Holocausto, em barro, agora eu estava me referindo a uma pessoa real e não apenas a uma foto.

Já há anos, os membros do Cadim estavam constantemente falando sobre a questão da desapropriação - sim ou não? Tanto o primeiro-ministro Yitzchak Rabin como depois Ariel Sharon deram mensagens opostas. Nós nos sentimos jogados para frente e para trás como uma bola de tênis. A tensão do futuro desconhecido também influenciou nossas decisões práticas. Colocamos armários novos na cozinha? Ampliamos a casa? Devemos nos incomodar com isso? Talvez não vivamos aqui por muito mais tempo.

Quando Ariel Sharon se tornou o primeiro-ministro israelense, todos em Cadim pensamos que estávamos a salvo e finalmente poderíamos relaxar, mas de repente tudo mudou. De forma totalmente inesperada, o governo começou a falar sobre a redistribuição dos assentamentos e Cadim era um deles.

Enquanto trabalhava na 'Fonte', embora eu não tenha dito em voz alta, eu pensava que meu estúdio não seria grande o suficiente para essa peça enorme. O primeiro painel de crucificação em que trabalhei foi: "Meu Deus, Meu Deus, por que me desamparaste?" Eu o prendi em uma parede de aglomerado para conseguir ver as dimensões e ter uma ideia de como se veria no tamanho normal. Eu não pensava muito sobre o dinheiro, eu sentia como se eu estivesse respondendo ao Senhor. Ele me mostrou e me confirmou que eu estava indo na direção certa, mesmo sem fazer a menor ideia de onde tudo isso ia me conduzir.

2003 foi o ano de começar a desenvolver em tamanho real os modelos de argila das imagens da crucificação, ao mesmo tempo de trabalhar em duas peças encomendadas - uma na Europa (Basileia, 'Ester') e uma nos EUA (Indiana, 'O Filho Pródigo'). Essas duas encomendas trouxeram dinheiro suficiente para eu poder trabalhar todo o ano seguinte (2004) em tempo integral nos modelos de tamanho natural do Holocausto.

Eu estava preparando as esculturas de barro do Holocausto para a fundição em bronze. Esta parte exigia muito dinheiro, mas novamente, eu não estava realmente pensando nisso. Depois de Auschwitz e o que Deus tinha me dado lá, fui levado a continuar.

Em 2005, já era certo que a redistribuição ocorreria, então, coletivamente, os membros do nosso assentamento pediram a uns advogados que nos representassem junto com outro assentamento. Devido à sua experiência com Yamit, os advogados sabiam que papéis preparar antecipadamente; assim que a hora chegar, seriam os primeiros a pedir a compensação do governo. Dessa forma, nós teríamos a melhor chance de obter algum dinheiro de compensação. Aqueles que esperaram muito tempo não receberiam nada, já que até então o orçamento já teria se esgotado. Receberíamos 75% do dinheiro da compensação e, se pudéssemos provar presença física em um novo endereço, receberíamos o restante 25%.

Na primavera de 2005, quando orávamos para saber onde o Senhor queria que nos mudássemos, a palavra 'Judá' me vinha continuamente à mente e também 'Uma voz chorando no deserto'. Procurei a área geográfica da tribo de Judá em um mapa bíblico e imediatamente notei que Jerusalém era parte dela. No entanto, o dinheiro da compensação não era suficiente para comprar um apartamento em Jerusalém.

Antes de chegarmos a morar no assentamento, o Senhor havia deixado claro que nunca deveríamos entrar em dívidas. Quando compramos a casa em Cadim, perguntei ao Senhor sobre pedir uma hipoteca, já que contrairíamos uma dívida. O Senhor nos disse, então, que se contraíssemos dívidas em obediência a Ele, estaríamos somente em dívida para com Ele.

Por tanto, agora eu perguntei a Ele sobre a nossa busca de uma nova
casa: vamos voltar para o princípio de 'sem dívidas' ou podemos usar
uma hipoteca novamente? Voltamos ao princípio de 'sem dívidas',
senti o Senhor dizer.

Sabendo que tínhamos que comprar uma casa à vista e sem hipoteca,
Dafna e eu concordamos em não ter expectativas em relação ao pagamento por parte do governo do restante 25%. Portanto, devíamos
comprar uma casa na faixa de preço de 75% do dinheiro da compensação. Logo descobrimos que o único lugar que tinha casas acessíveis
nessa faixa de preço era o norte do Neguev, ainda Judá, mas não Jerusalém. No final, o governo pagou o restante 25% da compensação e
isso cobriu o custo de todo o lançamento do bronze para as figuras do
Holocausto.

Para nós, o tempo era perfeito para comprar uma casa no Neguev porque o mercado não estava aquecido, as pessoas estavam ansiosas
para vender e dispostas a negociar um acordo.
        "Senhor," eu rezei, "eu preciso de uma casa com um estúdio e
uma parede de pelo menos 53 pés de comprimento". Calculei que
esse seria o comprimento necessário para a 'Fonte das Lágrimas'.

Conhecíamos uma corretora de imóveis que morava em Arad, uma
pequena cidade no norte do Neguev. Decidimos ir de carro até lá para
nos encontrar com ela e obter uma ideia geral da região.
        "Estou com várias casas", disse a corretora de imóveis, "e casualmente estou a caminho de conhecer uma em Arad. Talvez vocês gostassem de vê-la?"
Enquanto a corretora mostrava a casa para Dafna, eu caminhei pela
parte de trás e descobri um pátio em forma de L. Uma parte do 'L'
tinha um espaço que servia de depósito. Esse poderia ser o meu estúdio, pensei.
Virando a esquina, entrei num quintal aberto, com uma parede comprida de um lado. Olhando para a estrutura, eu pensei, aqui está a
parede! Eu quero saber quanto mede? Mesmo que eu tivesse dito ao
Senhor que eu precisava de aproximadamente 53 pés, a parede resultou ser de 60 pés. Uau!, eu pensei.

Se este é o Senhor, então Ele está sendo generoso! (Finalmente, eu acabei precisando de todo o comprimento da parede para acabar a 'Fonte'). Deixando meus olhos percorrerem o quintal, eu pensei: eu realmente espero que Dafna goste da casa, porque eu estou comprando esse muro!

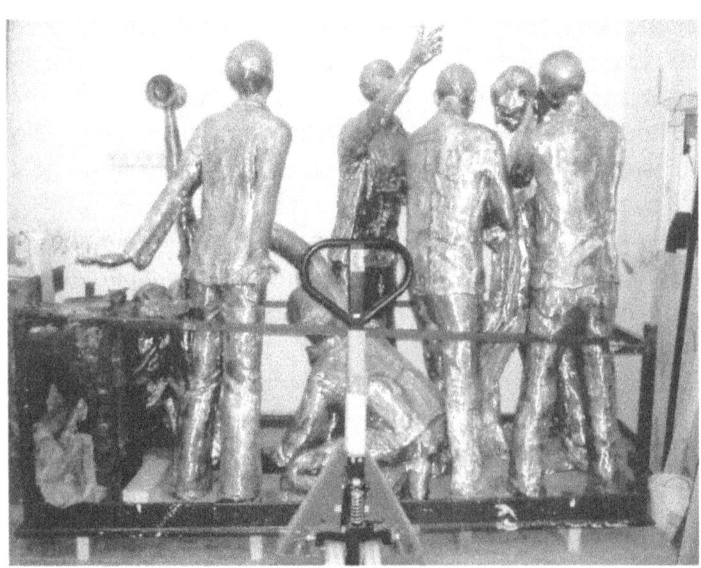

Em julho de 2005, a data final para sair de nossas casas foi definida –
dia 27 de julho. As famílias poderiam sair antes dessa data, mas no dia
27 de julho o assentamento teria de ficar completamente vazio.
Estávamos saindo com um monte de sentimentos encontrados.
Nós tínhamos sido amigos de quase todos no assentamento e tínhamos vivido nossas vidas como crentes na frente deles. Havíamos feito
um monte de coisas que eles não entendiam, mas havia um respeito
mútuo. Nós nunca os perseguimos, mas
esperamos que eles fizessem perguntas
sobre nosso relacionamento com Jesus.
Tínhamos tido alguns diálogos e interações
maravilhosos com eles.
Ambos os nossos meninos tinham crescido
lá e eles iriam levar muitas memórias de
infância da sua vida no assentamento.
O Senhor tinha estabelecido este tempo
como uma intercessão que devíamos viver.
Agora era o começo de outra intercessão
que vinha se desenvolvendo desde a palavra 'Retribuição' e nos levava a estabelecer
nossas vidas em Arad com a 'Fonte das
Lágrimas'. Estávamos contentes de irem lá.

Por causa do estúdio, a nossa família obte-
ve uma prorrogação, até o dia 15 de agosto.
Dos doze anos em que vivemos no assenta-
mento, durante os últimos sete eu tive um grande espaço na área
industrial que usei como estúdio. Eu tinha acumulado um monte de
ferramentas e materiais ao longo dos anos, mas os maiores de todos
eram os elementos iniciais da Fonte.

Essas últimas semanas eu trabalhei duro para soldar todas as partes
das peças do Holocausto. Em julho mudamos de casa e no começo de
agosto mudamos o estúdio. Meu pai do kibutz pediu a um caminho-
neiro do kibutz que viesse com um gigantesco caminhão de transporte
com um guindaste de 80 toneladas para ajudar a transportar o estúdio.

Daniel, que nessa época estava no exército, recebeu uma licença especial de duas semanas para me ajudar a construir caixotes de madeira e depois embalá-los. Estes foram então levantados pelo guindaste do caminhão.
Deixar o assentamento pela última vez foi estranho para Dafna e para mim. Agora não sentíamos emoções, estávamos ansiosos.

A mudança para Arad criou a parede que eu precisava para a 'Fonte' e para a construção de tudo o que ainda era necessário. A ideia de usar a pedra de Jerusalém nas cenas da crucificação nasceu aqui. O que tinha sido a zona de construção da 'Fonte' acabou por se tornar a sala de exposições onde agora recebemos visitantes.

CAPÍTULO 35

Getsêmani

Lentamente comecei a ver a crucificação e o Holocausto se unirem. Tornou-se um diálogo de sofrimento entre essas duas personalidades, ambas levando uma dor muito profunda, mas ambas separadas uma da outra historicamente. Poderia haver um espaço comum entre eles? Teria havido uma comunhão de sofrimento? Eu não sabia, mas talvez eles falassem comigo enquanto eu os criava. Entretanto, para fazê-lo, eu tinha que voltar ao início - para Getsêmani.

Há tanto anexado a esta palavra 'Getsêmani': é um lugar de trevas, cheio de horror e uma intensa luta de vontades. Contudo, é também um jardim onde as azeitonas são colhidas e esmagadas para extrair o óleo, usado nos tempos bíblicos para curar e para a unção dos reis. Nessa noite mais escura, a vontade de viver foi esmagada e espremida para dar o óleo da vida. Esmagada, não simplesmente por morrer, o que poderia ter aliviado a luta, mas por morrer vítima de uma tortura lenta e metódica. Trata-se de uma morte concebida para infligir a máxima quantidade de dor pelo período de tempo mais longo possível.

De certa forma, a escultura do Getsêmani refletiu como eu me sentia antes de criar a 'Fonte das Lágrimas'. Foi uma luta tão grande para iniciar esta encomenda ordenada por Deus! Eu sabia que isso me custaria tudo, que eu poderia perder todos os meus amigos. Tinha sido um milagre que eu, o gentio, tivesse recebido a cidadania israelense - um sinal do céu que eu devia ficar em Israel, fazer parte, aprender a língua. Eu tinha me juntado ao kibutz, servido nas FDI. Deus me deu amor por essas pessoas; as relações que haviam sido forjadas refletiam a mão de Deus sobre tudo isso.

Foi uma honra fazer parte deste povo. Havia uma possibilidade de que eu pudesse perder tudo? O Holocausto era um dos mais profundos fios que formavam o tecido deste país.

Tocando neste assunto quase senti como se estivesse entrando em algo tão sagrado que era melhor evitar. Era um lugar onde a gente se aproximava com perguntas, mas nunca com respostas.

Como eu poderia conectar as terríveis lembranças do Holocausto à crucificação de Jesus e às Suas últimas sete palavras? Meus amigos israelenses ficariam furiosos por eu, o gentio que dizia ser seu amigo, ter ousado criar um diálogo entre esses dois eventos que só se amaldiçoavam. Pode haver um diálogo refletindo a dor de um e do outro?, eu me perguntava. Pode haver uma comunhão de sofrimento entre os dois, que traga uma limpeza e uma cura para todo esse mal-entendido e profundo ódio?

A luta com esta encomenda foi como um Getsêmani pessoal para mim. Minhas próprias justificativas e aqueles argumentos de autopreservação tiveram que morrer; agora eu tinha que começar a esculpir. Lembrei-me de Jeremias 9: ***"Ó Senhor, que minha cabeça seja uma fonte de água e meus olhos uma fonte de lágrimas, que eu possa chorar dia e noite pelos perdidos do meu povo"***.

Sabendo que esta jornada não se tratava apenas de esculpir um grande projeto, senão que era também uma jornada de oração e intercessão, eu me perguntava por onde começar. Getsêmani, talvez? Em certo sentido, foi aí que a crucificação começou. Nesse lugar, o Pai mostrou ao Filho o que estava diante dele.

O Holocausto - poderia esta cena do jardim se assemelhar a todas aquelas noites em que o povo judeu foi reunido e enviado para prisões ou campos? Para Jesus foi a noite do Seu cativeiro, quando o amarraram e o levaram. Diferentes passos foram tomados entre o tempo de Sua prisão e Seu julgamento final. Depois de muita manobra política e manipulações veio a solução final - Sua morte por crucificação. O povo judeu foi comprometido pela primeira vez pelas Leis de Nuremberg e, em seguida, levado para o cativeiro nos guetos até as SS ('Tropas de Proteção') levar a cabo a solução final: a morte nas câmaras de gás, a crucificação.

Eu esculpi a figura de Jesus como sendo despejada sobre uma grande pedra, como se Seu corpo tomasse a forma da própria pedra.

O foco de Sua luta está representado no cálice de sofrimento que Ele
segura, alegoricamente representado na forma de um cálice que está
cheio até a borda com sofrimento. Enquanto o Pai mostrava ao Filho
tudo o que estava no cálice, Seu suor misturado com gotas de sangue
fluía sobre a pedra. Será que Ele sabia que haveria um momento de
total abandono pelo Pai? E então o Pai pediu a Seu Filho para beber
deste horror, pela salvação daqueles que o tinham perseguido e odia-
do.

Na escultura, Jesus segura o cálice em Sua mão esquerda, estendendo
completamente Seu braço, tão longe de Sua boca quanto possível.
O cálice é equilibrado entre o indicador e o polegar, enquanto os outros três dedos estão livres. Isto simboliza a indecisão de Jesus; os três
dedos representam as três vezes que Ele chamou Seus discípulos para
orarem junto com Ele, mas os encontrou adormecidos.

Três vezes Ele orou ao Pai para que o cálice fosse removido d'Ele.
Na mais escura de todas as noites, Ele sozinho tomou a terrível decisão: "Pai, todas as coisas são possíveis para ti, afasta de mim este cálice; contudo, não seja o que eu quero, mas sim o que tu queres".

A crucificação começou no momento em que Jesus concordou em
beber o cálice do sofrimento.

CAPÍTULO 36

Dois Desenhos Diabólicos para uma Morte Violenta

Nem a crucificação nem o Holocausto foram causas naturais de morte; na verdade, cada uma delas tinha sido bem pensada, projetada para infligir o máximo de dor, ambas terminando em morte violenta.
No primeiro caso, Jesus foi julgado, acusado e condenado por ser o Rei dos Judeus. No caso do Holocausto, ser judeu já significava a sentença de morte. Em um padrão semelhante, ambos morreram, foram sepultados e ressuscitados. Enquanto Jesus foi sepultado por três dias, os judeus foram sepultados por três anos. A ressurreição de Jesus criou um reino celestial, enquanto a ressurreição do povo judeu criou uma nação.

Comecei a ponderar. Nesse nível, parecia haver uma conexão de sofrimento entre a crucificação e o Holocausto. Poderia haver uma ligação mais íntima entre as sete últimas palavras e o Holocausto? Como essas palavras específicas da crucificação falam ao Holocausto? Onde está a identificação, se houver uma? Estou em alguma estranha viagem criativa que leva a lugar nenhum?

Eu sabia que precisaria orar por cada palavra.
Eu teria que tirar a inspiração, não da minha memória pessoal de sofrimento, mas de dentro do coração do Pai. Sua memória estava cheia dos últimos gritos de Seu Filho e das lágrimas de cada uma das vítimas judaicas que morreram durante o Holocausto. Ele se lembrava de cada local onde um homem, mulher ou criança tinha sido assassinado.

Eu não me atreveria a presumir que através deste trabalho eu entendia a dor de Jesus e do povo judeu, mas eu sabia que Deus tinha me dado permissão para criar esta peça. Comecei a ouvir o coração do Pai e, portanto, pude me identificar com eles.

Essas sete palavras - elas tinham que ser tomadas uma de cada vez porque cada palavra se tornaria parte da minha vida.
A partir do momento em que acordei, comecei a pensar sobre uma frase específica e refleti sobre ela enquanto amassava a argila úmida em torno da armadura de metal que eventualmente se tornaria uma figura de tamanho real. As palavras flutuavam para dentro e para fora da minha mente enquanto eu tentava resolver um problema técnico ou esculpir uma parte que precisava ser ajustada. Trabalhar o material era maravilhoso, porque se tornou um momento de verdadeira meditação. Normalmente eu trabalhava em silêncio por horas, com um material que era tão generoso e prestativo.

Gradualmente a argila se tornou uma forma na qual eu reconhecia meus pensamentos, meus sentimentos e minhas orações. Acima de tudo, eu esperava que ela também comunicasse Suas orações e Seu Coração, pois só então meu trabalho se tornaria um ato de intercessão. Dafna e eu sabíamos que esse processo criativo e intercessor refletiria as palavras de Jeremias e que, de alguma forma, isso também tocaria a palavra 'retribuição'. Não sabíamos muito bem como, mas para nós sempre houve muitas mais incertezas do que certezas.

As lágrimas de Jeremias eram simbolizadas pela água que gotejava lentamente sobre as seis colunas de pedra que uniam os sete painéis em uma única parede comprida.
No fundo de cada pilar, a água era recolhida e canalizada de forma subterrânea para seis oliveiras plantadas fora do pátio, de frente para o deserto. Essas árvores representavam a profética palavra 'retribuição' e a água representava as lágrimas que derramavam vida sobre os seis milhões que pereceram no Holocausto.

As últimas palavras que Jesus falou durante a crucificação foram sumamente importantes, já que elas foram Sua última comunicação pública tanto com os judeus como com os gentios. O símbolo 'Rei dos Judeus' anunciou a primeira declaração escrita e pública sobre Ele.
Ao dar Sua vida neste ato final de intercessão, Ele receberia o selo de autoridade do Pai, não apenas como Rei dos Reis, mas também como Rei dos Judeus - Rei de Seus próprios irmãos.

As figuras de bronze que representavam os sobreviventes do Holocausto carregavam suas marcas visuais. Tudo se destinava a desumanizar o povo judeu, de modo que fossem indistinguíveis uns dos outros; sua própria humanidade tornou-se irreconhecível.

Muitas pessoas se recusaram a ver o que estava acontecendo com os judeus; eles viraram a cabeça para não vê-los entrando nos guetos ou carregados em carros de gado e, finalmente, trancados em campos de concentração. Da mesma forma, as pessoas viraram o rosto para não terem de olhar para Jesus; depois de ter recebido tantos espancamentos, também Ele se tornara irreconhecível.

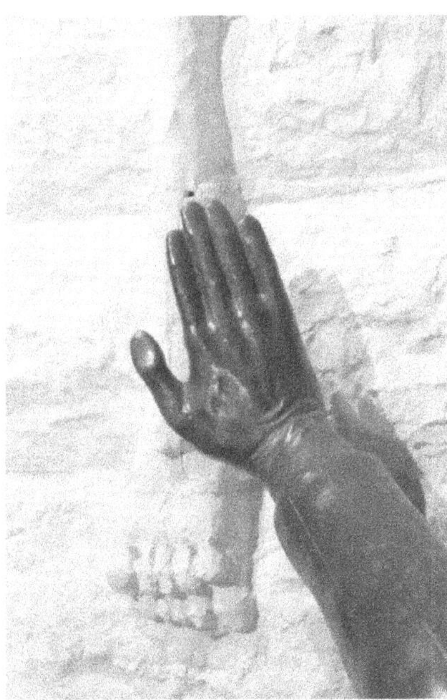

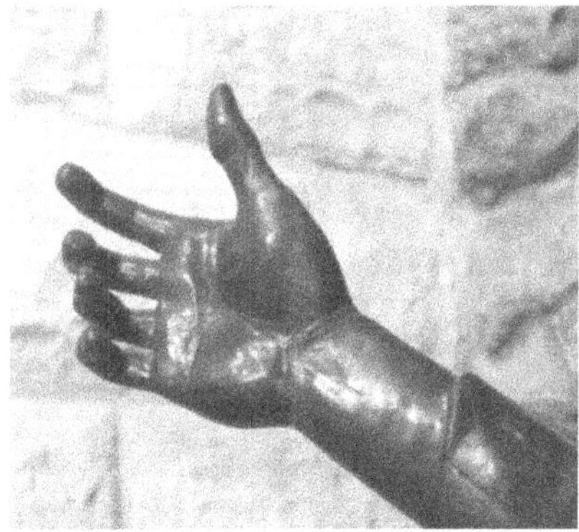

Através da linguagem corporal - quer pela sua expressão facial ou pela forma como ele segura as mãos - a figura do Holocausto responde à palavra falada pelo Crucificado. O modo como ele toca as colunas de pedra evoca a memória daqueles que pereceram. Só muito mais tarde descobrimos que as pedras marrons escuras que havíamos escolhido para fazer os pilares eram chamadas de 'pedras queimadas', encontradas apenas na região norte do Neguev. Quando esta pedra escura e muito dura é molhada, ela se torna da mesma cor âmbar que as figuras de bronze.

CAPÍTULO 37

O Rosto de um Anjo Triste

Antes e durante o tempo em que trabalhei na 'Fonte', li muitos livros relacionados ao Holocausto. O livro que mais me afetou foi 'Noite' de Elie Wiesel. Para mim, um dos parágrafos mais fortes do livro estava no prefácio de François Mauriac. Nessa época eu estava na fase preliminar da 'Fonte' e procurando desesperadamente algo que pudesse me ajudar a começar o processo criativo.

Isto é o que eu li:

"Naquele dia, o mais horrível, mesmo entre todos os outros dias ruins, quando a criança (Elie Wiesel) testemunhou o enforcamento (sim!) de outra criança que, diz ele, tinha o rosto de um anjo triste, ouviu alguém atrás dele gemendo: 'Pelo amor de Deus, onde está Deus?'

E de dentro de mim, ouvi uma voz responder: 'Onde Ele está? Aqui - pendurado nesta forca '

... E eu, que creio que Deus é amor, que resposta tinha para dar a meu jovem interlocutor, cujos olhos escuros ainda mantinham o reflexo da tristeza angélica que um dia tinha aparecido na cara de uma criança enforcada? O que eu disse para ele? Falei-lhe do outro judeu, este irmão crucificado que talvez se parecesse com ele e cuja cruz conquistou o mundo? Eu expliquei a ele que o que tinha sido um obstáculo para sua fé tinha se tornado uma pedra angular para a minha? E que a conexão entre a cruz e o sofrimento humano continua sendo, a meu ver, a chave do mistério insondável no qual a fé de sua infância se perdeu. E, no entanto, Sião ressuscitou dos crematórios e dos matadouros. A nação judaica foi ressuscitada dentre seus milhares de mortos. São eles que lhe deram vida nova. Não sabemos o valor de uma única gota de sangue, uma única lágrima. Tudo é graça. Se o Todo-Poderoso é o Todo-Poderoso, a última palavra para cada um de nós pertence a Ele. Isso é o que eu deveria ter dito à criança judaica, mas tudo o que eu podia fazer era abraçá-la e chorar."

O livro 'Noite' de Elie Wiesel foi para mim uma apresentação pessoal
muito forte da jornada de um garoto de quatorze anos na escuridão
do Holocausto. O Holocausto tinha que ser visto através dos olhos de
uma pessoa, a fim de tocar de alguma forma o número seis milhões.
Entretanto, as palavras de François Mariac na introdução do livro iden-
tificaram meu próprio dilema pessoal; como ele, eu não poderia ter
dado palavras, mas sim abraços e lágrimas. Todos os desenhos que eu
tinha feito na minha esperança de encontrar um ponto de partida agora tinham que ser deixados para trás. Eu teria que abraçar o barro e as
lágrimas que eu encontraria seriam meus reais pontos de referência
dentro desta viagem. As lágrimas exigiam respostas em um lugar de
escuridão que eu não entendia, mas aonde tinha que ir.

O processo criativo era como entrar em uma oração, mas seu começo
não era de dentro de mim. Como o dilúvio de lágrimas que invadiram
aquele momento com a palavra 'retribuição', esta interação também
parecia distanciada de mim. Minha vida seguindo Jesus nunca tinha
sido baseada no conhecimento de uma coisa, mas em uma resposta
ao que eu sentia que estava vindo Dele. O conhecimento, pelo menos
em parte, parecia vir para mim cada vez mais tarde. Não havia sempre
um entendimento, mas havia um sentimento de Sua presença.
Sua presença parecia estar marcada com lágrimas, lágrimas de uma
dor tão profunda que me assustou, mas não o suficiente para me fazer
recusar. Esta seria a Sua memória e não a minha; Ele tinha deixado
isso claro. Quão profunda a dor seria, como eu iria carregá-la, eu não
sabia, mas novamente eu tive que responder.

Agora era o momento de entrar nessas sete últimas palavras de Jesus.
Elas seriam os portais.

Quando comecei a ver que havia uma ligação entre Jesus e a vítima do
Holocausto, mesmo nesses passos iniciais, fiquei intrigado.
"Pai perdoa-lhes, porque não sabem o que fazem".
Aqui estava o perdão, não vomitava palavras de ódio para com aqueles que o haviam pregado nessa cruz, não houve uma maldição nem
uma esperança de vingança, mas uma oração, uma intercessão pelos
assassinos, um suplicar ao Pai para mostrar misericórdia aos assassi-

nos, porque não sabiam o que tinham feito. Quanto mais eu pensava sobre isso, mais espantado eu ficava.

Este perdão não estava saindo da natureza de um homem, mas era um reflexo de um Filho que tinha alinhado Sua vida com a do Pai.

Como eu poderia mostrar isso no barro? Esta oração pedindo perdão não eram apenas palavras fracamente proferidas, mas eram uma declaração, quase um grito, um grito que definiu Sua própria vida, e mais ainda, foi o início de uma aliança.

Esta aliança seria fundada exclusivamente no perdão, mesmo para os mais imperdoáveis.

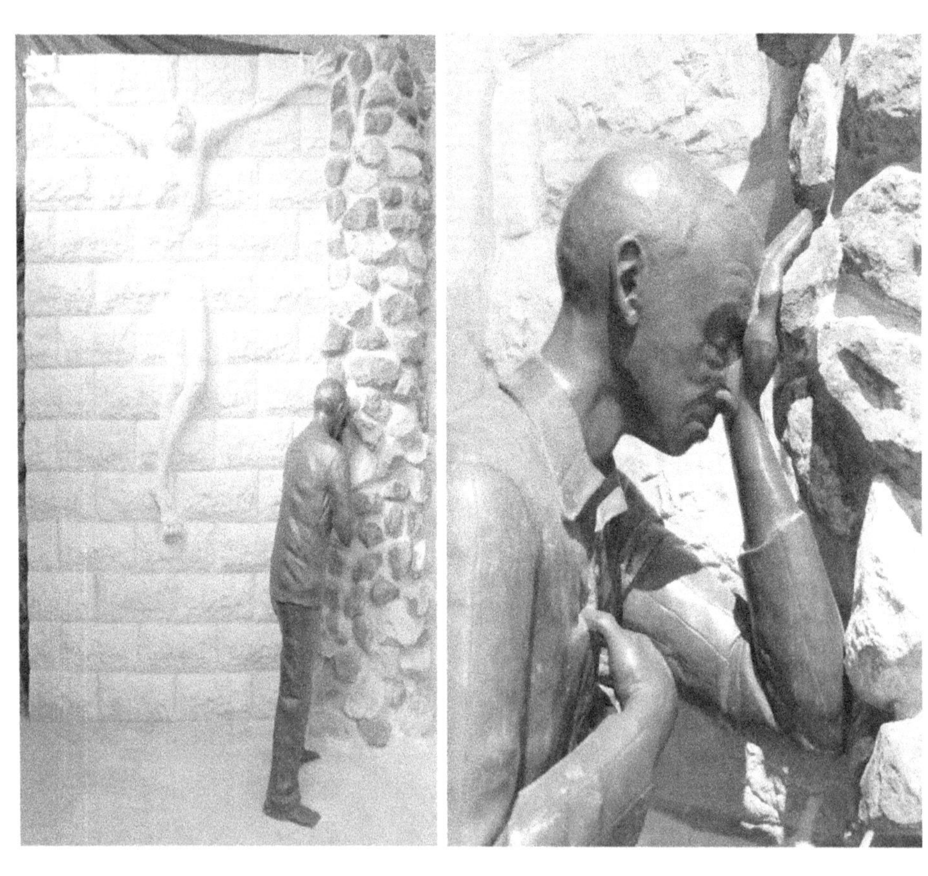

CAPÍTULO 38

"Pai, Perdoa-lhes!"

Ninguém sabe a ordem das palavras ditas na hora da crucificação, mas eu imaginei que essas palavras: "Pai, perdoa-lhes!", estivessem em primeiro lugar e acima de tudo na mente de Jesus.
Eu senti que elas deveriam ser o primeiro painel, já que a própria crucificação é um ato de trazer perdão. O Cordeiro de Deus foi abatido para criar uma aliança de perdão. Creio que não só Ele perdoou aqueles que o crucificaram, aqueles que fizeram isso acontecer e o soldado romano que cravou os pregos em suas mãos e pés. Jesus transformou este perdão em uma aliança, uma nova aliança, em um modo de vida para aqueles que o seguiam.

Eu esculpi a figura de Jesus crucificado com Seu rosto e Sua cabeça para frente intencionalmente. Ele não está focado na dor física, mas na declaração que Ele faz: "Pai, perdoa-lhes!". Ao proferir essas palavras, Ele criou a aliança. E suas mãos, ainda que pregadas na madeira, se mantem bem abertas enquanto Ele continua a dar àqueles que podem e estão dispostos a receber.

A figura que representa o Holocausto se volta para o pilar de pedras, como se estivesse se inclinando sobre aqueles que pereceram. Ele luta contra esta palavra de perdão, porque esta aliança exige que quando recebemos o perdão, devemos também perdoar os outros. O recebimento do perdão é mostrado pela figura do Holocausto segurando seu peito com uma mão enquanto a outra mão está virada para fora, descansando na coluna de pedra, como se estivesse dando perdão.

Mas como ele pode perdoar aqueles perpetradores, os assassinos dos que morreram, enquanto ele continua a viver? Ele luta. Sua vida está ligada às pedras dos mortos, entrelaçada com eles. Seu maior medo é que no momento em que ele perdoar, aqueles que pereceram serão esquecidos. Se isso acontecesse, eles seriam traídos duas vezes.

"Nunca perdoe, nunca se esqueça" é uma declaração sobre o Holocausto amplamente aceita em Israel. É quase como se ao considerar o 'perdão', o resultado imediato fosse o 'esquecimento'.

Um dia conheci Martin, um sobrevivente do Holocausto que logo depois da guerra havia imigrado para os Estados Unidos. Martin e sua esposa agora moravam na região de Denver e eles se tornaram amigos de sionistas cristãos que os convidaram para muitos eventos pró-Israel em sua igreja. Ao longo dos anos, Martin se tornara um amigo querido daquela comunidade cristã. Um dia, Martin confiou a seus amigos que ele sofria de pesadelos recorrentes nos quais ele revivia os horrores dos diferentes campos de concentração aos que tinha sobrevivido. Essas memórias o deixavam em um estado de confusão.

"Podemos orar por você, Martin", o casal ofereceu. "Deus pode curá-lo. Assim, esses pesadelos não o incomodarão mais."

"Ah, por favor, não!", Martin suplicou para eles. "Se vocês orarem por mim, eu sei que esses pesadelos vão parar. Por favor, não!"

"Mas por quê?" O casal ficou chocado com a sua resposta.

"Porque esta é a minha única conexão com aqueles que perdi", disse ele. "E mesmo que a memória dos que morreram ainda seja tão dolorosa, não consigo me desligar deles, eles continuam vivendo em minhas memórias e eu sempre os carregarei comigo", mesmo que as memórias sejam pesadelos.

"Pai, perdoa-lhes, porque não sabem o que fazem" - este é o primeiro registro de Jesus pedindo ao Pai diretamente para perdoar. Normalmente era o próprio Jesus quem falava palavras de perdão, irritando grandemente os religiosos de Seu tempo. Talvez a crucificação e o Holocausto estejam conectados pelo fato de que nenhum ser humano é capaz de perdoar ambas as atrocidades - ninguém exceto o Pai.

O sobrevivente do Holocausto tem um conceito errado da palavra perdão? Um conceito errado de lembrar? Ele talvez abraçou uma mentira?

Para mim, é chocante encontrar uma igreja que reclama Jesus como Senhor, descaradamente ignorando Sua oração para perdoar aqueles que O crucificaram. Historicamente, a igreja classificou os judeus como assassinos de Cristo, como se as palavras "Pai, perdoa-lhes" não pudessem incluir os judeus. Eles também abraçaram uma mentira?

Minha cabeça estava cheia de pensamentos e de perguntas enquanto andava através desta primeira palavra. Todas as sete palavras provocariam tal diálogo mental?

CAPÍTULO 39

"Hoje estarás comigo no Paraíso." Lucas 23:43

Eu amo as palavras: "Hoje estarás comigo no Paraíso", pois estas são
as palavras ditas a um homem desesperado e moribundo. Seu pedido
para ser lembrado, seguido pela resposta de Jesus, destrói todas as
doutrinas e ditames que temos criado como pré-requisitos para entrar
na salvação, como se fôssemos os guardiões da salvação.
"Senhor, quando entrar em Seu reino, por favor, lembre-se de mim",
é tudo o que o ladrão pede de Jesus. "Por favor, não me esqueça!"

Pendurado à esquerda de Jesus está o outro ladrão. Em seus últimos
minutos de vida, ele está zombando e xingando. Eu esculpi a mão
esquerda da crucificação dobrada para baixo, afastada. Isso não é uma
demonstração de julgamento, mas um sinal de decepção. Este ladrão
esquece que ele é um homem que precisa de Deus.

O coração do Pai batendo no peito de Jesus é atraído para o ladrão à
direita que se lembrou de quem ele era. A figura da crucificação gira
duramente para a direita, mesmo que seu corpo esteja limitado pelos
pregos. A mão direita da figura da crucificação está tentando tocar o
pilar de pedra como uma imagem de Deus estendendo a mão a todos
aqueles que o chamaram, pedindo para serem lembrados, mesmo nos
últimos momentos da vida.

Dentro desta peça eu estou tentando refletir o coração de Jesus, que
é o coração de Deus Pai. 'Pai' - esta palavra traz autoridade.
Esse pensamento me deu esperança; se nos últimos momentos da
vida Jesus ouviu o grito de um ladrão pedindo para ser lembrado,
Ele deve ter ouvido mais ainda o Seu próprio povo. Os gritos de dentro
do Holocausto devem tê-lo puxado para tentar tocar seu sofrimento.
Comecei a pensar que Deus como Pai não podia esquecê-los. Ele teria
de responder ou esqueceria seu próprio papel como Pai.

A figura que representa o Holocausto ergue-se com as mãos apontando em duas direções diferentes. Ela está se identificando com a crucificação ou está ouvindo suas próprias palavras da boca destes dois ladrões?

Tendo ouvido a história dos dois ladrões de mim, uma sobrevivente do Holocausto também ecoou o que as últimas palavras daqueles dois homens crucificados tinham sido, um ladrão xingando Jesus, o outro implorando para ser lembrado.
"Eu posso me identificar com os dois ladrões", respondeu a sobrevivente. "Em Auschwitz vivíamos diariamente a uma polegada da morte, com a pouca força que ainda tínhamos, houve dias em que amaldiçoamos e ridiculizávamos Deus, mas também houve dias em que clamamos a Ele, implorando-Lhe que lembrasse de nós".

O que ela tinha dito me espantou; sim, por um lado, amaldiçoavam e ridiculizavam, mas por outro lado, queriam muito ser lembrados, queriam muito abraçar a vida. É por isso que as mãos da figura do Holocausto apontam em direções opostas. A que alcança a parte de cima, à direita de Jesus, identifica-se com a mão de Jesus que dá vida, enquanto a segunda mão, que vai na direção oposta, reconhece o ladrão que ridiculiza e amaldiçoa.

CAPÍTULO 40

"Eis aí seu filho... Eis aí sua mãe." João 19: 26-27

Do ponto de vista da crucificação, as palavras "Eis aí seu filho... Eis aí sua mãe", são fáceis de entender porque refletem, e muito, o coração de Jesus. Na mais profunda dor, em meio ao Seu próprio sofrimento, Ele cuida de Sua mãe. Neste painel eu procurei um jeito de mostrar que Jesus colocou a Sua mãe no ombro de um amigo, alguém em quem Ele confiava - João, seu amigo amado e o único discípulo que permaneceu com Ele durante a crucificação.

Jesus confia e entrega Sua mãe aos cuidados de João, que agora tinha de sustentá-la e carregá-la como se ela fosse sua própria mãe.
Ao fazer o que Ele fez, Jesus passou Seu papel terrestre como filho ao seu amigo.
Esta relação antinatural entre João e Maria foi criada a partir de um lugar de sofrimento. A maneira como tinha sido dada a João a responsabilidade de cuidar de Maria a partir desse momento, poderia ser semelhante ao que os sobreviventes do Holocausto sentiram ao assumir a responsabilidade com aqueles que tinham perecido?

Isto é simbolizado pela figura do Holocausto carregando um pesado tecido no ombro. Dentro das dobras deste material, pode-se ver a figura de uma mulher macilenta e surreal. O sobrevivente está carregando 'ela' em um braço; o corpo entrelaçado está pendurado sobre seus ombros e o fim do tecido é segurado em sua mão. Ele experimenta um tipo de relacionamento semelhante com as memórias dos mortos, ainda eles são como um peso pesado porque é um relacionamento não natural. A maior parte de sua família foi morta, mas em seu lugar ele agora carrega e se identifica com as memórias de seis milhões de pessoas. Esta relação antinatural é mais íntima do que qualquer uma que ele tenha conhecido antes.
Ele olha para o final do tecido em sua mão.

O fim do tecido na mão da figura do Holocausto representa a realização do que pessoalmente lhe aconteceu. O tecido sobe pelo braço e se alarga à medida que começa a compreender a devastação e a perda de seus parentes e familiares, então o tecido assume a forma de uma mulher ao perceber a perda de sua aldeia e, finalmente, do país ao qual pertenceu. Isto é mostrado pelo tecido em forma de mulher pendurado sobre seu ombro, que depois cai no chão. Nas costas, as nádegas e as pernas da figura da mulher de bronze nua se fundem com as seis dobras muito pronunciadas, que se referem aos seis milhões.

Ele vai levar a memória desta relação nova e antinatural para o resto de sua vida.

Ao longo dos anos temos mostrado a 'fonte' para muitas pessoas, mas quando eu recebo sobreviventes do Holocausto sempre me sinto intimidado por eles. Eu criei este trabalho através da minha relação com a crucificação e o Holocausto, mas o sobrevivente carrega a memória com ele. É parte de quem ele é e em quem ele se tornou. Um dia um amigo meu trouxe uma visitante. Sarah, aos setenta anos, parecia uma avó clássica, com seu cabelo bem arrumado e seu vestido um pouco formal.

Somente mais tarde eu soube que ela tinha nascido na Holanda e, aos quatro anos de idade, havia sido escondida por diferentes famílias durante a guerra. No final da guerra, Sarah, de oito anos, era a única sobrevivente de sua grande família.

Fiquei em pé ao seu lado, em frente aos painéis, e comecei a explicar como eu havia criado a 'Fonte'. Eu me sentia nervoso, especialmente porque ela permaneceu muito quieta. Ela não olhou para mim enquanto eu falava, mas olhou atentamente para a escultura.
Quando chegamos ao terceiro painel "Eis aí seu filho... Eis aí sua mãe", ela se virou para mim, me olhou nos olhos e disse:

    "Como você sabia que eu estava levando esse manto no meu coração durante todos esses anos? Como você poderia saber?"
Eu não sabia como responder, pois ela estava certa em me fazer essa pergunta. Como eu poderia saber? Eu não tinha memória pessoal nem experiência do Holocausto. Isso teria sido impossível com o meu passado.
    "Eu não sabia, mas Deus sim!", foi tudo que eu disse. "Se eu tivesse uma escolha, eu teria fugido desse projeto, mas Ele não me deixou."

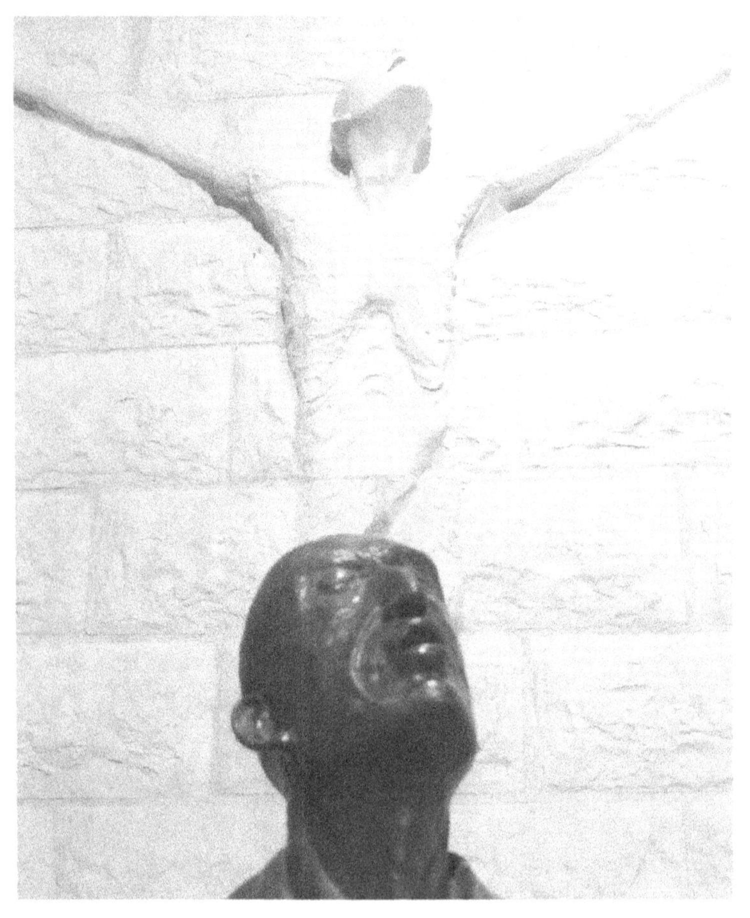

CAPÍTULO 41

"Meu Deus, meu Deus, por que me desamparaste?"
Marco 15:34

Ao me aproximar da palavra seguinte, senti um medo, um pressentimento, um grito de abandono de um filho que tinha desfrutado da presença de Deus mais do que qualquer um jamais faria. "Meu Deus, meu Deus, por que me desamparaste?" Como eu poderia esculpir isso? Este seria o painel mais difícil dos sete. Das sete últimas palavras, esta palavra seria o lugar mais profundo da dor. Seria um lugar de abandono tão profundo que Deus não poderia ser encontrado ou de algum modo sentido. Esta seria a palavra à qual a pergunta constante: "Onde estava DEUS?" é anexada.

Comecei com a figura na crucificação, Jesus como o filho sentindo a perda da presença do Pai. O grito deve ter sido terrível.
Eu esculpi a cabeça o mais para trás possível, com a boca bem aberta, tudo apontando para cima. Os lábios se estenderam, procurando o último suspiro. Não ser capaz de sentir a presença do Pai neste momento, durante a crucificação, deve ter sido a última coisa que Jesus poderia ter imaginado que aconteceria com Ele.

No Getsêmani, o Pai deixou Jesus saber tudo o que iria acontecer na crucificação? Ele sabia que o Pai o abandonaria intencionalmente? Esse foi o ponto no Getsêmani quando Jesus suou sangue? Este grito na crucificação tinha que ser para cima, as palavras em si procurando, mas não encontrando.
Pensei que até mesmo as palavras iniciais, "Meu Deus, Meu Deus", mostraram um nível da deserção. Quando Jesus se referiu a Deus como Deus? Ele sempre falou de Deus como Pai.

Enquanto trabalhava na peça, fui ver um amigo próximo, um crente judeu que tinha perdido membros da família no Holocausto.

Quando eu lhe disse que eu estava realmente lutando com esta palavra, "Meu Deus, meu Deus, por que me desamparaste?", ele me deu
um livro que foi escrito por um membro do Sonderkommando.
Estes eram homens de unidades especiais, na sua maioria constituídas
por prisioneiros judeus nos campos de extermínio nazistas.
Sob a ameaça de serem mortos, foram forçados a 'facilitar a mentira'.
Eles tinham que dizer àqueles que desciam dos vagões de trem que
esta era apenas uma parada e que eles estavam indo agora tomar um
banho. Os homens do Sonderkommando geralmente falavam iídiche e
podiam ajudar a acalmar os medos e as perguntas daqueles que eram
levados ao massacre das câmaras de gás.

O homem que escreveu o livro deu testemunho de que o processo na
câmara de gás levava vinte minutos. Durante os primeiros dez minutos
ele podia ouvir os gritos e orações que saiam da câmara enquanto as
pessoas estavam morrendo, até que o gás finalmente silenciava os
gritos. Ele disse que ainda hoje, já velho, ele não pode esquecer os
gritos, que eles estariam para sempre com ele. Ele então disse ter
ouvido uma e outra vez, dentre as vozes moribundas, um grito dos
versículos iniciais do Salmo 22: "Meu Deus, meu Deus, por que me
desamparaste?"

Isso me surpreendeu, este homem estava dando um relato pessoal
revelando que as palavras que foram gritadas então nas câmaras de
gás eram exatamente as mesmas nas quais eu estava trabalhando
agora, o grito de Jesus em seus últimos minutos de vida.
Eu não tinha percebido que essas mesmas palavras estavam nos Sal-
mos; eu pensava que tinham pertencido somente a Jesus durante a
crucificação. A identificação tanto com a crucificação quanto com o
Holocausto foi tão exata que mudou a forma como eu esculpiria isso.
Eu senti fortemente que a figura do Holocausto e da crucificação teriam que se parecer tanto quanto possível. Ao esculpir o sobrevivente
do Holocausto eu sabia que eu tinha três marcas visuais que eu poderia usar: a cabeça raspada, as roupas listradas e o número de prisioneiro tatuado. Enquanto esculpi a cabeça para a crucificação, percebi que
a cabeça tinha que estar raspada e não teria barba.

Em certo sentido, Jesus estava começando a se identificar plenamente com os judeus no Holocausto e eu sentia medo por isso, como se estivesse entrando em um lugar de profunda intimidade no qual eu tinha certeza de que não pertencia, mas mesmo assim eu tinha que entrar.

Eu estava sendo levado para o número tatuado, essa conexão final do sobrevivente a este inferno do Holocausto, aquele lugar de memória que nunca iria embora. O cabelo poderia crescer de volta após os campos e a roupa listrada poderia ser queimada, mas o número sempre permaneceria queimado em seu corpo. Este número teria a capacidade de levar um sobrevivente de volta para as memórias dos campos em um instante. Eu conhecia sobreviventes que, ao vir para Israel depois da guerra, sempre usavam camisas de mangas compridas para encobrir o número, para que ninguém o visse e fizesse perguntas.

Tenho uma amiga cujos pais sobreviveram a Auschwitz. Ela era uma filha única que crescera, como ela dizia, com fantasmas; com todos os parentes que nunca conhecera e já morreram, mas que, de muitas formas, viviam sempre com seus pais. Sua mãe fazia questão de falar com ela sobre o Holocausto, o que não é característico. Seu pai era quase totalmente silencioso em todos os sentidos, exceto pelo choro na noite, que ela sempre ouvia. Ela me disse que nunca pôde mostrar as emoções típicas de uma menina pequena, porque ela sabia que eles não poderiam lidar com isso. Quando ela tinha quatro anos de idade, ela tinha percebido que a razão pela qual seu pai não podia falar e estava sempre tão triste era o número tatuado em seu braço. Ela perguntou-lhe se podia lavá-lo e ele concordou. Ela tentou por um longo tempo e com muitos tipos de sabão, mas o número permaneceu.
Ele sempre permaneceria.

Eu sabia que tinha que colocar um número no braço de Jesus; tinha de haver plena identificação com as vítimas do Holocausto. Eu sabia o que significava um número para os olhos dos sobreviventes e seus filhos. Eu sabia enquanto colocava um número nesta figura de Jesus que a crucificação era uma imagem que trazia muitas lembranças negativas para o povo judeu.

Como eu poderia ousar tocar esse nível de dor? Este foi o pior
momento de todo o processo de sete anos de criação da 'Fonte'.
No entanto eu sabia que tinha que fazê-lo, pois a figura de Jesus e
do sobrevivente do Holocausto tinham de ser exatamente iguais.

Ao mostrar a 'Fonte' para grupos, algumas pessoas me perguntaram
por que eu escolhi colocar o número 1534 no braço. Mesmo que eles
não entendessem minha luta emocional com este painel, eu costumava tentar explicar o quão difícil tinha sido para mim colocar o número
lá e como finalmente tinha decidido colocar o número 1534, porque
um e cinco são seis, referindo assim aos seis milhões de judeus que
pereceram, e três e quatro são sete, que se refere às últimas sete
palavras da crucificação.

"Talvez haja outro significado para esse número", sugeriram as
pessoas.

"Alguma coisa significativa aconteceu com o povo judeu no ano
de 1534?", alguém perguntou.

"Talvez o número tenha alguma coisa a ver com os discípulos de
Jesus, quando pescaram a noite toda e não pegaram nada?", disse um
outro. "Jesus disse para jogar a rede do outro lado e pegaram 153 pei-
xes."

"E o número quatro, então?", eu perguntei.

"Bem, você provavelmente se confundiu com isso", disse a pessoa.

Ao partilhar a minha jornada da 'Fonte' com os grupos, muitas vezes
eu apenas tentava ser educado e deixar as pessoas lerem o que elas
queriam, sabendo que não entendiam as emoções de fazê-la, até o dia
em que falei a um amigo de todas as especulações e ele decidiu acres-

centar a sua própria: "Poderia ser talvez capítulo e versículo?" ele
sugeriu. "Um número de um capítulo com o número de um versículo
da Bíblia, sabe?"
Mais uma vez, eu tentei ser educado e disse: "Pode ser".
Meu amigo me ligou alguns dias depois e disse: "Estive procurando e
encontrei uma coisa".
Tendo esquecido completamente do que se tratava a busca, eu simplesmente escutei.

"Eu procurei em vários livros bíblicos até chegar a Marcos 15,
versículo 34", disse ele. "Você sabe o que está escrito lá?" Quando ele
leu as palavras, fiquei chocado!

"E na hora nona, Jesus clamou em
alta voz, dizendo: *'Eloi, Eloi, lama saba-
chthani '*, que se traduz: 'Meu Deus, meu
Deus, por que me desamparaste?'"
Atordoado, eu percebi que o meu número
escolhido aleatoriamente correspondia com
essas palavras exatas no versículo da Bíblia.
De alguma forma, o próprio Deus tinha marcado estas palavras.

Eu esculpi a figura que representa o Holocausto com os braços jogados para trás e
seu corpo projetado para frente. Nos rostos
das vítimas do Holocausto e da crucificação,
há a mesma expressão, o mesmo grito para
cima, o mesmo desespero, o mesmo último
suspiro. Esta figura de bronze do Holocausto é a única com as costas voltadas para a
crucificação; ambos os homens estão gri-
tando, mas separados, estão sozinhos.
O corpo é jogado para frente, de alguma
forma mostrando o grito "Onde estava
Deus?", lançado através do tempo.
Tem sido provado historicamente que este
era o grito das câmaras de gás então. Ainda
é o mesmo grito agora.

O rosto da figura do Holocausto é quase uma imagem espelhada da face da
figura crucificada. Ambas têm o mesmo clamor; uma, Jesus crucificado,
é um filho que faz uma pergunta genuína; a outra, a vítima do Holocausto,
virou as costas de raiva e não está perguntando, mas está acusando.

CAPÍTULO 42

"Tenho sede" João 19:28

Quando comecei a esculpir "Tenho sede", comecei a pensar em Jesus no momento em que Ele declarou que Ele era água viva e que se alguém viesse para Ele e bebesse, este alguém não teria sede nunca mais. No entanto, Jesus agora está com sede, então o que isso significa? Eu comecei a pensar que se Jesus é um poço de água viva e agora Ele diz que tem sede, deve significar que tudo o que tinha dentro d'Ele foi dado, tudo foi derramado.

Eu esculpi a cabeça na crucificação olhando para baixo com a boca aberta; as mãos são surreais e os dedos são longos e apontam para baixo. O corpo está sendo puxado para baixo e os pés têm a forma de uma única gota d'água. Eu senti que tudo devia estar se movimentando para baixo e os pés deveriam ser como a última gota, mesmo como a última lágrima.

Isso me fez pensar sobre o que os sobreviventes tinham me dito: que para sobreviver nos campos não podia haver mais emoções humanas, não podia haver mais lágrimas.

Eu pensei que a característica da água, quando derramada, é achar o local mais baixo possível. Tudo na escultura estava se movimentando para baixo, então coloquei a figura representando o Holocausto agachada. Ela não está de joelhos, está agachada. Eu não queria que parecesse que estava de joelhos frente à crucificação, mas que estava se identificando com suas próprias lágrimas, sua própria sede.

A sede tinha que ser dividida em duas partes. Uma era a parte física, que trazia a morte do corpo; a outra parte era a secura da alma, que trazia a morte interior.

Foi reportado por aqueles que viveram nos campos que era possível sobreviver por longos períodos com pequenas porções de alimento, mas sem água você morria em um curto prazo. Teve muitas pessoas comprimidas nos vagões dos trens que morreram de sede a caminho dos campos. Portanto, o sobrevivente podia se relacionar com a sede que mata o corpo. A sede interior vem quando não há mais emoções humanas, quando não há mais lágrimas. Os campos também tirariam isso.

Por isso, a escultura que representa o Holocausto se comunica com ambas as mãos. Uma está para baixo, tocando o solo, procurando a água que vai satisfazer o corpo; a outra mão está quase tocando os pés, a última lágrima, identificando-se com a sede da alma.

CAPÍTULO 43

"Está Consumado" João 19:30

"Está consumado" é uma palavra que tem tantos níveis de significado. Como você esculpe isso? Está Jesus trazendo um fim ao Seu sofrimento? Isso em si é surpreendente, porque uma crucificação podia durar dias.

Jesus morreu mais rapidamente por causa da severidade da flagelação que Ele havia recebido? A crucificação ocorreu antes da celebração da Páscoa. Os governantes judeus pediram que as pernas dos homens crucificados fossem quebradas para que a morte viesse rapidamente por sufocação. Desta forma, os que foram crucificados não ficariam pendurados na cruz durante a festa da Páscoa. Sendo o Cordeiro de Deus, Jesus estava destinado a morrer antes do início da Páscoa?

Eu decidi que essas palavras tinham que ser outra declaração, não apenas palavras faladas em um sussurro. Elas tinham que ser intencionais, com força e foco.

Então eu esculpi o rosto olhando diretamente. A expressão tinha que ser forte e intencional. Coloquei os dedos das mãos fechados sobre os pregos, de modo que as cabeças dos pregos não pudessem ser vistas. Dessa forma, eu estava tentando dizer: "Está consumado, mas não está apenas consumado; Eu mesmo, Jesus, consumei." Jesus se entregou à crucificação em Getsêmani e agora, com autoridade, Ele estava declarando sua conclusão.

Agora, a figura do Holocausto, como ela responderia a essa declaração? A maior população judaica conquistada pelos nazistas estava lá. A Polônia tinha sido a casa dos judeus. Lá tinha acontecido uma expressão completa da cultura judaica por quase mil anos; esta cultura foi destruída nos seis anos do Holocausto.

A destruição foi tão completa, que nunca voltaria a ser o que tinha sido antes. Foi consumado.

A figura do Holocausto representa a Polônia em 1945. Em 1945, o único lugar no planeta que queria judeus era a Palestina. No entanto, o governo do Mandato Britânico fez tudo ao seu alcance para impedir a imigração judaica. A vítima do Holocausto cobre o rosto com uma mão, mostrando uma perda de identidade; sua outra mão está levantada, quase tentando apontar em uma direção com seu dedo indicador. No entanto, o dedo está dobrado, pois não há direção, nem lugar para onde ir. Ele tem uma história que não pode ver mais e um futuro sem direção.

Está consumado.

CAPÍTULO 44

"Em suas mãos entrego meu espírito" Lucas 23:46

"Em Suas mãos entrego meu espírito" são as palavras finais, as últimas declarações enquanto Jesus entrega Seu espírito nas mãos do Pai.
Com esta peça, eu tinha que esculpir a figura com nada mais para dar. O corpo está pendurado na posição mais baixa de todos os painéis da crucificação. Todo o fôlego foi tomado, os dedos das mãos estão puxados para baixo, a cabeça está enterrada em Seu peito. O espírito foi dado.

Como é que a vítima do Holocausto desiste de seu espírito, em mãos de quem ela o entrega? Eu senti que se a figura do Holocausto no painel anterior representou 1945, esta figura representaria os anos entre 1945 e 1948. De alguma forma ela representaria o enterro judaico.
A figura de bronze caiu, desabou e agora está no chão. Uma mão está tentando tocar a água que representa as lágrimas no pilar; o outro braço está decidindo se deve tentar levantar seu corpo ou deitar completamente.

Sobre a figura há um tecido pesado, um manto de morte. Entrelaçado nas dobras do tecido há um corpo macilento com as mãos deitadas no chão, viradas para cima.

Os sobreviventes que eu conhecera, depois de terem sido libertados dos campos de concentração nazistas em 1945, foram colocados de volta em campos de refugiados durante quase três anos. Lá eles lutavam por um rumo e por identidade. Era como estar enterrado com os mortos. Ainda na Europa, eles não sabiam se deitar inteiramente nesta sepultura ou tentar se levantar. As mãos do corpo no pano voltadas para cima representam os mortos dizendo aos vivos: "Em suas mãos entregamos nosso espírito e nossa memória".

CAPÍTULO 45

"A Borboleta"

Depois da morte e do sepultamento, poderia haver ressurreição?
A questão que sempre parecia estar flutuando no ar era se poderia
haver uma relação entre a crucificação e o Holocausto? Poderia haver
algo em comum com os sofrimentos de ambos? A morte era obviamente uma parte de ambos, mas o enterro? Parecia haver uma seme-
lhança no tempo. Jesus foi enterrado por três dias, o povo judeu por
três anos, desde a primavera de 1945 até a primavera de 1948, quando Israel se tornou uma nação própria. Isso foi o fim do sepultamento
e o início da ressurreição?
Durante o trabalho na parede, estes eram apenas pensamentos que
eu tinha tido. O muro tornou-se este diálogo de sofrimento entre a
crucificação e o Holocausto. No entanto, agora eu estava me fazendo
essas perguntas mais amplas.

Eu tinha criado 'Borboleta' durante o meu trabalho na 'Fonte das
Lágrimas'. A criança no crematório tinha nascido de um livro e da
música. O livro era 'Eu Nunca Vi Outra Borboleta', uma coleção de
poesias de crianças judaicas que
foi salva do Holocausto em um
gueto chamado Terezin
(Theresienstadt). A maioria das
crianças de Terezin não foi salva;
elas foram mortas nas câmaras de
gás de Auschwitz-Birkenau. Estes
poemas curtos se tornaram suas
últimas palavras.

A primeira peça 'Borboleta' acom-
panhou o Oratório Terezin.

Esboço da peça 'Mariposa'.

Após as três apresentações do oratório em Israel, a escultura foi entregue ao museu dedicado às crianças de Terezin, no Kibutz Givat Haim.
A segunda cópia da escultura foi feita e destinada a um museu na Europa, mas no final, a entrega não aconteceu e a peça ficou comigo. Mudou-se conosco quando tivemos que deixar Cadim.

Quando eu comecei a trabalhar na parede para a 'Fonte', ela estava sempre por perto, mas quase como um espectador. Não pensava que a 'Borboleta' se tornaria parte da 'Fonte'.
No entanto, agora que comecei a chegar ao fim do muro e do diálogo entre o Holocausto e a crucificação, a questão da ressurreição estava chegando. Ao olhar para a peça da 'Borboleta', comecei a ver a ressurreição. A mão da criança passando pela porta do crematório e segurando um pequeno pedaço de terra é a ressurreição.
Essa mão era o começo da ressurreição de um povo em uma terra.
A criança a possui, apega-se a ela, mas como a borboleta, nunca a vê. Como a borboleta na peça, a ressurreição está simplesmente fora do alcance da criança; não pode sequer senti-la, mas é dela.

Folhas de oliveira, representando o azeite, cobrem o solo. Este óleo, do ponto de vista bíblico, foi usado para curar e ungir. Este óleo seria para Israel, elevando-se agora como uma nação das cinzas dos crematórios; seria para sua cura, para ela conhecer a unção de Deus sobre ela.

Ao visitar Terezin em 2004, eu andei do quartel principal até um campo bem aberto que está marcado como uma cova coletiva. Para comemorar aqueles que pereceram, uma grande estrela de Davi foi colocada de um lado, enquanto uma grande menorá esculpida fica no outro. A estrela de Davi aparece sobre as pedras não marcadas, colocadas aleatoriamente no campo.

Em um canto distante do campo há um edifício pequeno que foi usado como crematório para aqueles que tinham morrido dentro do campo de Terezin. Uma lápida memorial diz: "A quem não lhe foi dado morrer em sua própria terra." Depois de refletir sobre essas palavras, eu

O último, o último,
tão ricamente, brilhantemente, deslumbrantemente amarelo.
Talvez se as lágrimas do sol cantassem
contra uma pedra branca...
Tal, tal amarelo
é levado levemente para cima.
Foi embora, eu tenho certeza que foi porque queria,
despediu-se do mundo.
Durante sete semanas eu vivi aqui,
cercado dentro deste gueto
mas encontrei meu povo aqui.
Os dentes de leão me chamam
e também as velas de castanheiro branco no pátio.
Só que eu nunca vi outra borboleta.
Essa borboleta foi a última.
As borboletas não vivem aqui,
no gueto.

Poema escrito por Pavel Friedmann em 4 de junho de 1942.
Morreu em Auschwitz-Birkenau em 29 de setembro de 1944.

estava agitado por dentro e comecei a chorar. "Sua própria terra" continuava rolando em minha cabeça.

De alguma forma as palavras tocaram uma região que simbolizava tanto o povo judeu durante essa época, um povo que nem sequer tinha sua própria terra natal para ser enterrado. No entanto, agora eles têm.

Eu percebi que esta peça, a 'Borboleta', precisaria vir depois de: "Em suas mãos entrego meu Espírito". As duas últimas peças representariam as duas partes da ressurreição, a terra da nação e depois o povo. Haveria primeiro um começo físico da vida e depois uma ressurreição do relacionamento.

CAPÍTULO 46

O Abraço Final: O Cálice Vazio

A última peça seria a ressurreição do relacionamento, a declaração final da união dessas duas personalidades.
Eu pensei que tinha que haver uma conexão visual com o começo.
O cálice de sofrimento no Getsêmani, então cheio, tinha agora de ser mostrado vazio. Lutei com este pensamento: Getsêmani havia mostrado que a crucificação tinha sido a vontade do Pai, então o cálice de sofrimento para o povo judeu também era desejado pelo Pai?
Às vezes eu faço as perguntas, mas eu sei que eu não tenho a possibilidade de que a resposta me seja dada, então eu esculpo.

Eu esculpi as duas figuras, metade de seus corpos saindo das pedras, pedras que representavam os mortos. Jesus se entregou ao beber do cálice, então ele tinha que ser o único a segurá-lo, levantando o copo vazio em cima de ambos. Esta, para mim, seria a peça que daria uma esperança futura; seria um reconhecimento mútuo, um abraço que daria vida a ambos.

A palavra 'retribuição', que havia começado todo este processo, seria cumprida durante um tempo de graça e favor sem precedentes, no qual o próprio Deus devolveria ao povo judeu tudo o que lhes fora tirado, tudo o que o inimigo havia devastado.
Esta, creio, é a Sua oração e agora é também a minha oração: Que Deus se lembre dos seis milhões e devolva tudo o que foi tirado de Seu povo como resultado do Holocausto. Eu sempre me pergunto: A 'Fonte das Lágrimas' foi uma expressão desta oração? Ela comunica a palavra 'retribuição' de alguma forma? Eu vejo essa jornada criativa como uma intercessão, algo que o Senhor começou.

Em algum momento ela terá um fim, haverá uma conclusão.

Uma vez, eu até perguntei ao Senhor, sem ser muito sério e sem real-
mente esperar uma resposta: "Quando terminará essa intercessão?"
De repente, fiquei chocado e senti uma resposta imediata do Senhor.
Eu o senti dizer: "Quando Jerusalém seja um louvor em toda a terra".
Era direta e abrupta; parecia profunda e conclusiva.

Quando Jesus seja plenamente Rei, então Jerusalém será um louvor
em toda a terra. Quando será isso? Eu pensei que esta poderia ser
uma intercessão muito longa. Ou talvez não?
Senti que Ele havia dito que havia um fim. No entanto, o momento
estava em Suas mãos e eu deixaria tudo com Ele.

CAPÍTULO 47

Uma 'Fonte das Lágrimas' em Arad

A 'Fonte' atravessou suas diferentes fases de construção e agora se encontra inteiramente erigida, basicamente na área fechada de nosso quintal. Moramos em Arad, uma cidade pequena e deserta no deserto de Judeia, uma região de Israel que fica cerca de duas horas e meia de carro ao sul de Jerusalém. Ao explicar a 'Fonte' para os muitos grupos diferentes que vêm para ver o trabalho, cada vez eu aprendo algo novo, mas nunca tanto quanto com os sobreviventes do holocausto. Suas respostas nos surpreenderam e levaram nossa compreensão a um nível muito mais profundo.

Em geral, os israelenses ficam chocados quando entram pela primeira vez no pátio da 'Fonte' porque são imediatamente confrontados com as duas personalidades: da crucificação e do Holocausto. Embora eles reconheçam os elementos visuais, eles não entendem sua conexão, porque essas duas personalidades foram separadas por mais de dois mil anos. Por um lado, eles ficam chocados com o que vêm, mas por outro lado, eles também se sentem atraídos.

Provavelmente o nosso encontro mais dramático foi com uma empresária que trabalhava com a municipalidade de Arad. Ela tinha escutando falar sobre a 'Fonte' e não estava claro para ela o que estávamos fazendo, então ela decidiu fazer uma visita. Quando ela nos chamou para agendar o dia e a hora, ela sublinhou o fato de que teria apenas quinze minutos entre os outros compromissos que tinha agendado.

Ao chegar, Lili deu alguns passos, parou e olhou para os painéis. Ela pôs uma mão sobre a boca e a outra sobre o peito.

"Eu não consigo respirar, eu não consigo respirar! ...", ela repetia e se voltou para mim dizendo: "Vocês tomaram as duas coisas mais difíceis de nossa história e colocaram-nas na mesma mesa! O Prefeito tem que ver isto!"

No entanto, é então que eles fazem a pergunta principal: "Você fez o exército aqui?"
A resposta sempre tem muita significância: "Sim".
Então eles continuam: "Você tem filhos?"

"Sim, dois meninos."

"Eles também fizeram o exército?"

"Sim."
Sem dizer mais, há um entendimento: "Você pertence a nós, você não é tão ingênuo, você entende perfeitamente o que você tem feito aqui. Agora fale comigo e me diga: 'Por quê?'"

Geoff Barnard

CAPÍTULO 48

Uma 'Fonte das Lágrimas' em Birkenau – A Viagem

De certa forma, a 'Fonte das Lágrimas' em Birkenau começou com a história do rosto do modelo para a figura do Holocausto. Cada vez que eu tinha que ir para Polônia ou para Europa, eu sempre tentava visitar Auschwitz a fim de descobrir mais sobre este homem misterioso que eu tinha visto no filme de introdução de 15 minutos, mas ainda sabia muito pouco.

Em 2008, o Senhor me falou fortemente que o ano de 2012 seria um ano como eu nunca tinha conhecido antes. Eu sou geralmente cauteloso com as pessoas que põem muita ênfase em um determinado ano ou predizem eventos que acontecerão em datas específicas. Na maioria das vezes eu não presto atenção porque frequentemente se abusa disso em Israel.

Muitas vezes as pessoas têm previsto ou mesmo profetizado: "Isso vai acontecer, nesse dia e nesse lugar", ou "nesse ano específico vai haver uma grande guerra", etc. As pessoas estão sempre falando datas e geralmente nada acontece. Embora eu tenha percebido que essa palavra de "2012" podia ser do Senhor, eu pensei que, sendo agora 2008, estávamos a quatro anos de distância e até então eu já teria esquecido tudo. Portanto, eu deixei a ideia de lado.

Em 2010 eu estava acompanhando Geoff, um amigo próximo, na sua primeira visita a Birkenau. Mostrei-lhe o campo e seus arredores.
O clima estava gelado e chovia muito - as circunstâncias perfeitas para ver Birkenau, pois neste tipo de clima as pessoas se conectam melhor com a memória do campo. Enquanto caminhava com Geoff, de repente, do nada, como se alguma coisa se interpusesse na atmosfera de Birkenau, senti como se o Senhor me dissesse: "A 'Fonte' virá aqui para Birkenau!"
Obviamente chocado, eu prestei atenção.

Imediatamente, ela começou a fazer telefonemas e, como resultado
da visita de Lili, tivemos três grupos diferentes da municipalidade visi-
tando-nos.
Normalmente são os israelenses os que nos perguntam: "Por que não
é um lugar público?"
Eles querem que todos vejam a 'Fonte'. Sua resposta ao trabalho foi a
oposta do que eu esperava.
Sim, teve pessoas que ficaram zangadas e até enfurecidas. Sinto que
qualquer reação é boa; isso mostra que tem havido uma resposta a
algo que poderia ter ficado latente, mas agora tinha sido mexido e não
podia ser negligenciado.
Os israelenses querem ouvir a minha história, o processo de como a
'Fonte' veio a acontecer, o que me obrigou a ousar tocar este tema do
Holocausto e, mais ainda, compará-lo com a crucificação. Para mim é
difícil dar uma resposta conclusiva, porque no início eu não tinha
nenhuma agenda em mente sobre o que este trabalho seria ou iria
dizer.

A 'Fonte das Lágrimas' é a minha resposta ao que eu sentia que o
Senhor estava pondo sobre mim, até mesmo um vislumbre do que
está em Seu próprio coração. No final, apenas uma questão permane-
ce: por que o sofrimento, a dor e o sentimento de abandono?

A arte tem muitas camadas de comunicação e cada visitante nos ensi-
na, dizendo-nos o que vê. A principal coisa que descobrimos é que a
linguagem da arte ignora o intelecto humano e toca o coração. As pessoas então falam desde o coração, que às vezes expressa lugares mais
profundos dentro delas. Suas palavras são uma surpresa para nós e às
vezes também para si mesmas.

Alguns israelenses perguntam: "Foi encomendado ou você pagou por
isso você mesmo?" Eles querem saber se somos a verdadeira fonte do
trabalho. Quando eles descobrem que ele foi financiado por Dafna e
por mim, eles então começam com uma lista de perguntas.
Eles ouvem nossas explicações hebraicas e ficam surpresos de que
nós, como gentios, tenhamos cidadania israelense. Não conseguem
entender por que íamos querer tê-la.

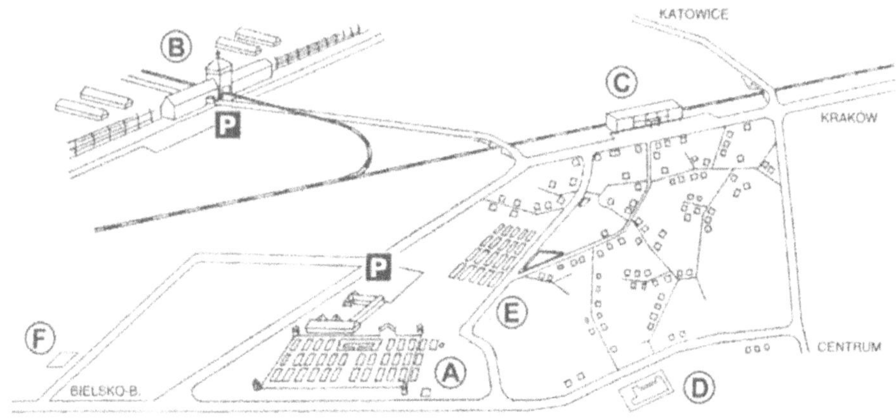

A. Campo principal em Auschwitz B. Campo de Birkenau.

Ponto de seleção dentro de Birkenau - então e agora.

Através dos anos eu aprendi a responder a esses 'de repente'.
Ok, eu pensei, se isso é realmente do Senhor, Ele terá que confirmá-lo.
No entanto, eu não vou buscá-lo ou fazer isso acontecer.

Durante os seis meses seguintes, pequenas coisas começaram a acontecer, como se o Senhor quisesse me lembrar do que Ele havia dito sobre Birkenau.
Um dia, enquanto visitava uns amigos em Cracóvia, conheci uma corretora de imóveis polonesa. "O que seria preciso para comprar uma propriedade na Polônia?", eu perguntei a ela, sem ser muito específico.
"Onde exatamente você está pensando?", ela perguntou.
"Bem ... Brzezinka." Eu usei o nome polonês da aldeia onde o campo de Birkenau está situado.
Parecendo surpresa, ela disse: "Vou investigar e, se encontrar alguma coisa, mando um e-mail para você".

Ao longo do ano seguinte, recebi vários e-mails com informações sobre propriedades e cada vez que eu estava na Polônia me encontrava com a corretora de imóveis para tomar um café. Além da corretora, Dafna e alguns amigos próximos, ninguém mais sabia sobre a ideia. Durante aqueles 1 ½ - 2 anos, pensamentos sobre a 'Fonte' em Birkenau ficaram girando na minha cabeça.

Em julho de 2012, recebi outro e-mail com informações sobre propriedades que estavam à venda em Birkenau. Como forma de confirmação, uma das coisas que eu tinha pedido ao Senhor era que a propriedade tivesse contato visual com o campo de concentração de Birkenau.
Eu já tinha visto várias propriedades, mesmo na própria vila, mas o único contato visual que essas propriedades tinham era com um canto do posto de guarda do campo. Eu senti que era importante fazer as coisas direito, mas ao mesmo tempo era um pouco assustador.
"Senhor, você realmente tem que me 'derrubar' se isso vem de Você", eu disse. "Eu tenho que saber; ter certeza que isso vem de Você. Nós estaríamos investindo muito nisso."

Em 1941, a chamada Judenrampe em Auschwitz tornou-se o ponto de seleção dos judeus que chegavam em vagões para gado de toda a Europa. Uma estreita estrada de terra conduzia desta plataforma aos portões de Birkenau. Aqueles selecionados para uma morte imediata nas câmaras de gás tiveram que andar aquele caminho até os portões distantes. Aqueles selecionados para viver um pouco mais andavam na direção oposta - para Auschwitz I, o campo mãe. Em 1944, Rudolf Hess, o comandante do campo de Auschwitz, ordenou colocar uma via férrea a partir do ponto de seleção direto para os portões de Birkenau. Dessa forma, eles poderiam enviar a maior quantidade de judeus húngaros para suas mortes o mais rápido possível. Esses trilhos sempre tiveram um efeito emocional em mim. Minha avó do Kibutz tinha 12 anos quando entrou nos portões de Birkenau em um dos vagões para gado. Após a chegada, ela foi imediatamente separada de sua mãe e irmã mais nova, para nunca mais vê-las. Ela e sua irmã mais velha, que tinha 14 anos, estavam programadas para ir à câmara de gás duas semanas mais tarde. De alguma forma elas acabaram sendo enviadas para a Alemanha e suas vidas foram poupadas por causa de suas mãos pequenas. A linha de produção nazista precisava das mãos das crianças para ajustar um instrumento dentro das bombas que produziam. No final da guerra, as duas irmãs foram libertadas de Bergen-Belsen. Devido ao meu relacionamento especial com esta família do kibutz, eu estava emocionalmente ligado àquelas vias férreas.
"Se esta terra que vamos comprar tem algo a ver com a estrada de terra para o campo ou com os trilhos da estrada de ferro, essa seria a confirmação final que eu preciso", eu disse ao Senhor.

Em julho de 2012, recebi um e-mail da corretora dizendo que ela tinha uma propriedade que poderia me interessar. Foram incluídas algumas imagens e um mapa de satélite. A pessoa que tirou as fotos ficou na frente da propriedade, mostrando todas as direções. Como eu tinha estado nessa área tão frequentemente, eu pensei que eu poderia reconhecer algo e saber exatamente onde tinham sido tiradas. No canto de uma das fotos, notei parte de algo que parecia um portão. Surpreso, aumentei o tamanho e então reconheci os portões do campo de Birkenau. Imediatamente soube exatamente onde esta propriedade ficava! O terreno ficava do lado da estrada de terra.

A fim de chegar à propriedade, você tinha que atravessar as vias férreas que Hess tinha criado. Chocado, eu percebi que esta era a propriedade e agora eu tinha que responder. Dafna e eu decidimos que a
única coisa a fazer era realizar uma oferta à corretora.
"Quanto estão pedindo por essa propriedade?", eu perguntei.
"95,000 Zlotys", disse ela.
Isso seria US$ 30,000. Dafna e eu achamos que poderíamos pagar US$
5,000. Quais são os procedimentos na Polônia para a compra de imóveis?, eu me perguntava. Fazemos uma oferta? Pechinchamos?
Qual é o protocolo usual?
Decidimos resolver o problema como israelenses. "Eles pediram Zl
95,000, então vamos oferecer-lhes Zl 65,000", eu sugeri a Dafna.
Eu passei o nosso valor para a corretora e viajamos para visitar alguns
amigos. O tempo todo eu mandei mensagens de texto para ela, perguntando sobre a sua resposta à nossa oferta e esperando que eles
começassem a negociar. Nós não soubemos nada deles por uma
semana e meia. "Talvez eu os insultei", disse a Dafna. "Talvez a oferta
tenha sido tão baixa que nem sequer se dão ao trabalho de responder.
Talvez eu tenha destruído nossa chance."

Dafna teve que voltar para casa em Israel, mas eu fiquei por mais três
dias para encontrar alguns amigos da Holanda e da Inglaterra que
sabiam da propriedade e queriam vê-la. Enquanto lhes mostrava a
propriedade, recebi uma mensagem de texto da agente imobiliária. "
	Aceitaram sua oferta!" Isso era tudo o que dizia. Nenhuma ne-
gociação do preço, nada. No entanto, na parte inferior do texto ela
escreveu: "Mas há uma condição".
Eu liguei imediatamente para ela. "Qual é a condição?"
	"Eles estão dispostos a aceitar a oferta", ela me disse, "mas vo-
cê tem que fechar o negócio rapidamente".
Em Israel, fechamento rápido significa dentro de 24 horas. "O que é
rápido na Polônia?", eu perguntei a ela.

Depois de verificar com os proprietários, a senhora me ligou de volta:
	"Você tem que fechar o negócio em até dois meses".
Para mim, isso era muito tempo para chegar à soma de Zl. 65,000,
equivalente a US$ 20,000.

Pagaríamos US$ 5,000 com o nosso próprio dinheiro e sabíamos que tínhamos que ficar calados e não pedir dinheiro às pessoas. Apenas um núcleo de pessoas próximas sabia sobre o projeto.

De volta em Arad, nosso amigo Geoff, que sabia um pouco sobre o que estava acontecendo na Polônia, veio até nossa casa.

"Eu sei que algo está acontecendo na Polônia e também sei que tem algo a ver com a propriedade", disse ele. "Eu não tenho certeza do que está acontecendo, mas se você e Dafna estão pensando em comprar um imóvel, seja qual for a quantidade de dinheiro que você está colocando, Caryl e eu vamos por a mesma quantidade!"

Certamente que era uma coisa corajosa de dizer! Quando eu falei para Geoff sobre a propriedade, eles também colocaram US$ 5,000 para contribuir com parte do que precisávamos para comprar o terreno.

Dois dias depois, recebi um telefonema de Cor, o amigo holandês que conheci na Polônia.

"Eu sei que há algo acontecendo com a propriedade", ele começou. "Sou o chefe da fundação Holocausto na Holanda e conversei com os outros membros do conselho, decidimos apoiar o projeto com US$ 10,000!"

Em exatamente três dias, o dinheiro que precisávamos para comprar a propriedade estava coletado. No entanto, soubemos então que era impossível para nós, sendo israelenses e não residentes na UE, comprar a propriedade.

Cerca de três anos atrás, um grupo holandês tinha visitado a 'Fonte das Lágrimas'. Cor Roos, um consultor tributário, ficou tão comovido com o que viu que disse: "Na Holanda, eu represento uma fundação para memoriais do Holocausto. Estou tão impressionado com o seu trabalho que eu gostaria de doar US$ 8,000, que você pode usar para relações públicas. Você é uma 'amuta' (organização sem fins lucrativos)?"

Como artista independente, não tínhamos status de organização sem fins lucrativos. Soubemos então que sua oferta tinha criado um problema técnico.

"Uma fundação só pode doar dinheiro para outra fundação, não para um indivíduo. Você não pode estabelecer uma amuta em Israel?", Cor sugeriu.

Perguntamos para alguns conhecidos e verificamos com amigos que tinham 'amutot'.

No final Dafna concluiu que era muito complicado e muito caro, além de ter que lidar com a burocracia israelense. Quando eu compartilhei isso com Cor, ele sugeriu que registrássemos uma fundação na Holanda, que era um processo rápido e fácil.

Assim, a Fundação 'Fonte das Lágrimas' foi criada e, como artista principal, eu poderia retirar o dinheiro do fundo. A amuta tinha sido criada para 'canalizar' esse presente particular de US$ 8,000. Tinha sido a primeira e a última doação que havia recebido.

Talvez possamos comprar a terra através desta fundação, pensei.

"A Fundação Fonte das Lágrimas ainda está ativa?", eu perguntei a Cor.

"Sim, mantive-a viva, mesmo que esteja dormindo no momento", disse Cor. "É apenas uma questão de acordá-la novamente."

Finalmente, a fundação Fonte das Lágrimas pôde comprar a propriedade de Birkenau dentro do período de tempo de dois meses. Com as primeiras doações fomos capazes de comprar a terra, contratar um arquiteto e criar os projetos.

E então me lembrei da palavra que o Senhor me havia dito quatro anos atrás: "Preste atenção ao ano de 2012, será um ano como você nunca conheceu antes!"

Olhando para trás, eu percebi que mais coisas surpreendentes tinham acontecido em 2012. Ao longo do ano de 2011, eu tinha estado ocupado com vários tipos de projetos em diferentes lugares. E então, de repente, no final daquele ano, tudo parecia ter secado. Havia possibilidades de trabalho, mas nada se materializava. Até agosto de 2012, eu não tinha vendido uma peça de arte nem estava trabalhando em nenhuma encomenda. Como eu tinha ganhado bastante no ano e meio anterior, tínhamos suficiente dinheiro para passar 2012. Parecia que sempre havia algo acontecendo na Polônia e na Alemanha. Como eu não tinha nenhuma encomenda na qual trabalhar, eu conseguia participar desses eventos quase todos os meses.

 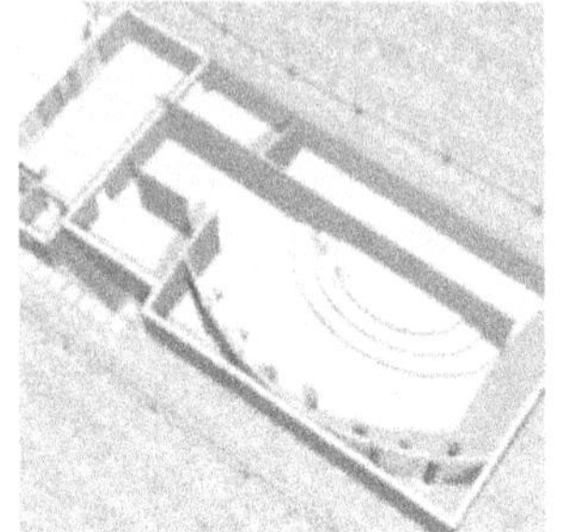 

Desenhos e planos para a 'Fonte' em Birkenau.

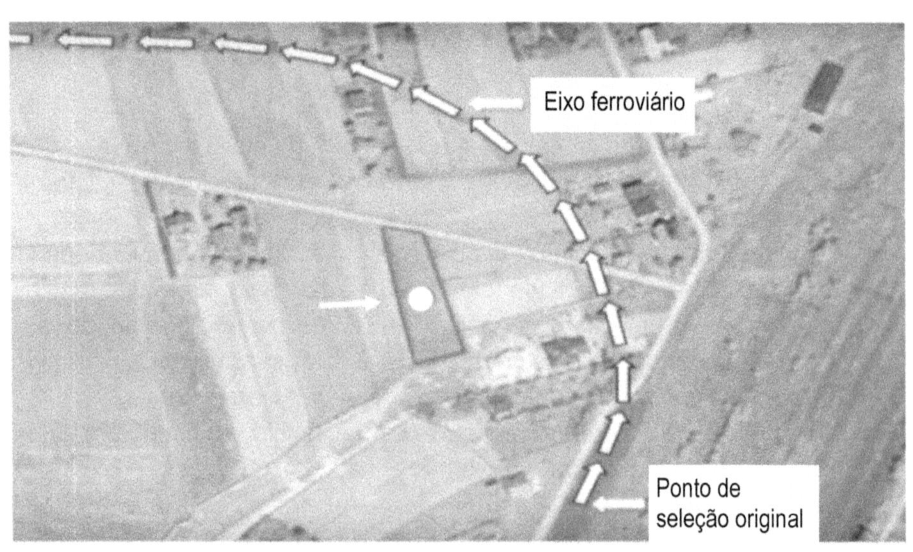

194

Foi incrível ver como Deus forneceu as finanças para o projeto de Birkenau. Mesmo sem renda por quase um ano inteiro, eu consegui viajar para Polônia sempre que me necessitavam para fazer os preparativos para o projeto.

Em 2013, já tínhamos trabalhado nos desenhos arquitetônicos. Novamente, como não havia nenhum outro trabalho ou encomenda que exigisse meu tempo ou atenção, eu podia focalizar em Birkenau.
Isso foi bom por um certo período de tempo, mas finalmente me queixei ao Senhor. "Basta, Senhor, uma encomenda seria uma boa coisa agora!"
Nada aconteceu. Havia possibilidades e propostas e alguma encomenda certamente teria acontecido no passado, mas desta vez - nada.
Em um ponto eu fiquei um pouco desesperado com o Senhor: "Passou um longo tempo, Senhor!"
No entanto, meu Pai Celestial sabia que eu não seria capaz de me concentrar em Birkenau da maneira que eu estava fazendo agora, se houvesse algo mais exigindo minha atenção. Eu tinha que me concentrar totalmente nesse projeto. Entretanto, eu ainda tentei: "Seria bom ter um pouco de renda, Senhor!"

Até mesmo meu contador por mais de 16 anos começou a se preocupar. "Você está viajando muito! Você deve estar trabalhando em alguma coisa na Polônia, mas não há renda. Você está gastando muito dinheiro, mas há algum dinheiro entrando?" Meu contador me disse:
"Eu sei que você tem seus altos e baixos, mas o problema é que você está gastando muito dinheiro e você está fazendo moldagem e tudo isso, mas se você não tiver renda, a situação vai ficar muito ruim".
Tentando explicar-lhe de uma maneira que ele entendesse, eu disse:
"Escuta, agora estou trabalhando em um grande projeto na Polônia e vai levar dois, talvez três anos nos quais o dinheiro estará apenas saindo". Eu esperava que ele entendesse que, como em qualquer empreendimento empresarial, as pessoas investem na esperança de que o dinheiro finalmente retorne.
"Posso levar isto às autoridades do imposto de renda por três anos", ele respondeu, "mas então você vai ter que me mostrar algum tipo de renda".

"Ok", eu disse, pensando que por enquanto tinha mais um ano para respirar.

Meu contador me entende até certo ponto. Ele sabe que eu sou um crente e que eu estou fazendo todos esses projetos. Nós nos tornamos bons amigos e há momentos em que ele se sente seguro o suficiente para me fazer perguntas pessoais.

De repente, recebi uma encomenda da Sociedade Bíblica em Jerusalém e até vendi algumas peças menores aqui e ali. É isso do Senhor?, eu me perguntei. A seguir, eu perguntei: "Você tem certeza de que realmente quer que eu aceite o pedido da Sociedade Bíblica? Eu devo fazer isso?"

Eu tinha quase acostumado a não ter grandes encomendas. Estando tão concentrado no projeto de Birkenau, eu não queria perder aquela comunhão especial com o Senhor aceitando a encomenda. No entanto, o Senhor me permitiu aceitá-la, o que significava que para 2014 haveria alguma renda. Meu contador ia ficar muito feliz, então talvez o Senhor fez isso por ele.

O aspecto financeiro do projeto todo é tal que nós sempre temos em mãos o suficiente para trabalhar. Com as primeiras doações fomos capazes de comprar a terra, construir a oficina e colocar uma entrada para automóveis. O Senhor sempre gentilmente fornece quando estamos prontos para dar o próximo passo. É um projeto de fé, não um com fins lucrativos. Depois de muitas considerações, eu decidi construir a parede e fazer os painéis em Birkenau em vez de enviá-los desde Israel para Polônia.

No final, calculamos que seria mais rentável construir uma fundição nas instalações e fazer a moldagem no local em si.

A segurança do aeroporto israelense sempre quer saber o que estou carregando nessas caixas grandes.

"Estas são partes de uma obra de arte que eu estou fazendo na Polônia", eu explico. "Eu sou escultor. Esta é a cera, a etapa anterior à moldagem."

Os pacotes de aparência estranha apenas mostram partes da escultura. Normalmente eles não entendem o que estou dizendo, mas ficam, no entanto, fascinados porque nunca tinham conhecido um escultor antes.

Então a equipe de segurança me leva para um canto e começa a fazer todo tipo de perguntas pessoais como: "Como é ser um escultor? Você faz todo o trabalho sozinho?"
São sempre muito generosos permitindo que eu carregue aqueles objetos estranhos no avião.

Senti um medo santo ao entrar neste espaço geográfico de Birkenau. Se houvesse na 'Fonte' uma reflexão ou relacionamento entre o Holocausto e a crucificação, Birkenau, em minha opinião, representava o Gólgota para o povo judeu, assim como Jerusalém havia sido o Gólgota para a crucificação.
Birkenau representava um espaço geográfico diferente de qualquer outro no planeta. Havia mais sangue judeu derramado lá do que em qualquer outro lugar da terra. O solo de quilômetros ao redor do campo tinha sido saturado com cinzas, as cinzas dos cadáveres judeus saindo dessas chaminés. Os crematórios haviam queimado 24 horas por dia, 7 dias por semana. Eu sentia que tinha que haver uma casa de oração criada em relação à 'Fonte' e que deveria estar ativa dia e noite, da mesma maneira que os fornos queimaram dia e noite. Eu até tive a sensação de que a terra ao redor do campo pertencia a Israel; tinha sido, de certo modo, comprada por sangue, sangue judeu.
Eu tinha muitos pensamentos e sentimentos nesses passos iniciais.
Eu esperava, às vezes, que o Senhor interrompesse o impulso e até me dissesse: "Muito bem. Você não precisa ir mais longe. Você tem crédito por sua disposição."

Levou duas semanas para preparar e despejar o cimento para a fundação do edifício.

As fundações de cimento prontas. O pequeno edifício serve como oficina para Rick e como mini-fundição para permitir a reconstrução das figuras de bronze de tamanho natural do sobrevivente do Holocausto para a 'Fonte das Lágrimas'.

No entanto, as palavras que continuavam chegando eram: "Sem atrasos!"

Começamos a ver isso uma e outra vez.

Os planos para o edifício passaram e foram aceitos no final de julho de 2014. O primeiro passo seria a fundação. Começamos a procurar empreiteiros de cimento. Isso sempre leva muito tempo e como o verão estava terminando ninguém queria verter cimento perto do início do inverno. No entanto, um empreiteiro fez uma boa oferta e estava disposto a começar no início de outubro.

As duas primeiras semanas de outubro na Polônia já podem ser inverno, mas naquele ano eles tiveram o que eles chamam de um outono dourado, um fato que não tinha acontecido em 14 anos. O tempo esteve maravilhoso durante as duas semanas de preparação e despejo do cimento. Fizemos isso a tempo, antes do inverno chegar, e agora eu pensava que poderíamos descansar até a primavera. Ninguém trabalharia durante o inverno.

De volta em Israel, a meados de novembro recebi um telefonema de um bom amigo de Vermont, EUA. Ele é um especialista em construção com madeira (este é o sistema de construção que tínhamos decidido usar para fazer o edifício para a 'Fonte'). Eu não tinha falado com ele em um longo tempo e fui surpreendido com o telefonema. Ele começou dizendo que ele e seu parceiro tinham algum tempo livre e pensaram que eles poderiam ajudar na construção do edifício se eu precisasse. Eu fiquei animado, pensando que esses caras eram os melhores dos melhores neste tipo de construção. Eu presumi que eles queriam investir alguns dias no projeto a caminho de sua visita a Israel.

Talvez eles pudessem ajudar a começar as coisas na Polônia. Eles até podem querer vir na primavera, quando estará quente o suficiente para trabalhar.

"Isso seria ótimo", eu disse a eles. "Quando vocês pensam vir? E quanto tempo vocês teriam?"

"Podemos ir em uma semana e meia e ficar lá por cinco semanas", respondeu meu amigo.

Chocado, eu disse: "Mas e o tempo?"

"Trabalhamos em Vermont, também no meio do inverno", ele me disse. "Sabemos como lidar com o clima invernal."

Tudo aconteceu tão rápido! Uma semana e meia depois eu estava de volta na Polônia para recolhê-los no aeroporto. Um amigo polonês tinha conseguido um apartamento para eles ficarem durante todo o período e foi fantástico. O clima estava frio e nevou, mas cada manhã eu ia buscar eles e trabalhávamos o dia todo. Não houve atrasos no fornecimento da madeira, nem na entrega das ferramentas, nem no dinheiro; nada atrasou. Todas as paredes foram construídas.
Foi incrível ver isso acontecer sabendo que o Senhor estava por trás de tudo. Pouco depois da minha chegada de volta a Israel, em janeiro, um amigo alemão me chamou para falar dos "Amigos Saxônios de Israel". Este grupo de artesãos alemães estava interessado em ajudar na construção da 'Fonte' em Auschwitz. Mais uma vez, fiquei surpreso com o momento em que foi feita esta chamada.
Quando eu lhe disse o estágio da obra, ele disse: "Ótimo! Podemos fazer o telhado."

O telhado era complicado devido à largura da área de exposição que abrigaria a 'Fonte'.
Eu disse a ele que eu estava esperando os planos do engenheiro para a construção do suporte de aço que teria que ser feito primeiro, antes que eles pudessem construir o telhado. Sua resposta foi: "Apresse-se com isso. Estamos planejando ir no começo de março."

Eu tive que voltar para a Polônia, marquei um encontro com uma empresa siderúrgica, tomei algumas decisões, assinei um contrato e voltei para casa. Era hora da oração para que os trabalhadores siderúrgicos poloneses acabassem seu trabalho antes da chegada dos alemães. Também tinha que haver uma entrega enorme de madeira que os alemães precisariam depois que os poloneses terminassem de fazer a

estrutura de aço. Tudo tinha que dar certo dentro de um período de
tempo muito apertado, mas eu conti-
nuei torcendo. Os alemães chegariam,
prontos para arrancar o trabalho, no
dia 9 de março. Os trabalhadores siderúrgicos poloneses estavam prometendo tentar acabar até essa data.

Outra complicação foi que Dafna e eu
já tínhamos reservado bilhetes para
estar no Canadá a partir do dia 1º de
Março até o dia 20, para o meu 60º
aniversário e para ver o meu pai e os
nossos filhos. Portanto, isso significaria
que eu teria que gerenciar tudo on-
line.

Os alemães chegaram a tempo, no dia
9; os poloneses atrasaram um dia a entrega, entregaram no dia 10.
No entanto, no dia em que não puderam trabalhar, os trabalhadores
alemães visitaram os campos de Auschwitz e Birkenau, o que era mais
importante. Em três dias cheios de trabalho, o grande telhado foi
construído e coberto com um selo impermeável. Tinha havido um
monte de chamadas pelo Skype, e-mails e transferências de dinheiro,
mas tudo saiu bem, sem um atraso. Quão incrível é a graça do Senhor!

Dafna e eu estamos cientes de certos elementos de tempo: o terreno
para a 'Fonte' foi comprado em 2012. Esse ano foi um marcador de 70
anos na história de Birkenau. Setenta anos antes, em 1942, uma decisão foi tomada pelo nível superior do SS, no exército alemão, em relação a todos os judeus da Europa. Eles a chamavam de "solução final
para o problema judeu".

No dia 23 de janeiro de 1942, foi tomada a decisão de que todos os
judeus da Europa seriam mortos por gás e os corpos queimados.
Na primavera de 1942, Birkenau nasceu e se tornaria o maior centro
de matança dentro do regime nazista.

Também em 2012, pela primeira vez na história de Israel como uma nação, a população judaica do país chegou a 6 milhões. O Senhor tinha prometido na palavra 'retribuição' que Ele ia resgatar o número 6 milhões, de modo que o que sempre foi um número que representava a morte do povo judeu seria transformado em um número que representava a vida.

Sempre me surpreendeu que o povo judeu não só tivesse sobrevivido ao Holocausto, mas que tivesse formado um país três anos após o seu fim. Houve ameaças de aniquilação sobre esta nação desde o seu nascimento até agora. No entanto, eles agora estão no marcador de 70 anos após uma decisão que foi tomada e que levou 6 milhões de seu povo. Eles ficam com esse número restaurado ou retribuído para eles, não apenas para eles como um grupo étnico que sobreviveu ao genocídio, mas como uma nação judaica que está de volta dentro de sua própria terra.

2012, como um marcador de 70 anos, foi também um marcador de início para os próximos três anos. Haveria uma série desses marcadores até janeiro de 2015, data do memorial dos 70 anos da libertação de Auschwitz.

CAPÍTULO 49

O Retorno do 'Leão de Judá'

O retorno do 'Leão de Judá' também está muito ligado ao edifício em Birkenau.

Além de tudo o que aconteceu comigo na conferência da 'Retribuição', houve algo mais que aconteceu ao mesmo tempo. Naquela época, parecia pequeno. Depois da reunião final da conferência, as pessoas ficaram em pé conversando antes de sair. Graham, que estava cercado por pessoas, me chamou para me apresentar seus amigos mais próximos da Califórnia - Tim e Darlene. Depois das apresentações, Tim, de forma muito direta, disse que estava interessado em uma escultura de um leão. "Darlene e eu vamos comprar uma casa nova que tem uma grande parede na sala de estar", explicou.
Ele imaginou um leão na parede.
Mesmo surpreso com a decisão de Tim, eu só escutei sem entusiasmo, já que continuava pensando na palavra 'retribuição'. Eu ainda não entendia o que poderia significar. Muitas vezes, no final das conferências, as pessoas acabam com as emoções à flor da pele e dizem coisas que não diriam em outras situações, então eu tentei ser educado e simpático. "A parede é totalmente quadrada? E, a grosso modo, quais são as medidas?", perguntei.
Tim apontou seu dedo para um painel no teto da igreja e disse que a parede tinha aproximadamente as mesmas dimensões que aquele painel.
O painel era bastante grande, então eu pensei, ele quer um leão bastante grande e o painel é retangular, indo mais na vertical do que na horizontal, então o leão provavelmente estará em pé.
Ele respondeu minhas perguntas adicionais, mas eu ainda não levei seu pedido muito a sério. Tim escreveu seu número de telefone nos EUA em um pedaço de papel e eu agradeci e disse adeus a todos.

Os meses que se seguiram foram consumidos com a luta ligada ao que o Senhor nos mostrou em relação à palavra 'retribuição'.

A ideia de um leão em uma parede na Califórnia mal cruzou minha mente, mas então, naquele verão, enquanto estávamos na Carolina do Norte, junto com muitos 'de repente' que estavam acontecendo conosco em relação à 'Fonte', eu de repente me lembrei de Tim e Darlene. Depois de encontrar o pedaço de papel no qual Tim tinha escrito seu número, eu me perguntei o que fazer. Meses tinham passado desde aquela primeira conversa, mas no final eu decidi que eu telefonaria para eles. Talvez eles não estejam em casa, pensei. Contudo, pelo menos eu teria feito uma tentativa de contatá-los.

Darlene atendeu ao telefone depois do segundo toque e imediatamente se lembrou de quem eu era.

"Como está indo com o Leão?", ela quis saber.

Tentando não mentir, eu disse: "Eu acho que o 'Leão' está bem".

"Podemos ver os desenhos?" Ela me disse que eles iriam me enviar uma passagem para a Califórnia em poucas semanas e que o início de setembro seria uma boa data para eles.

Eu desliguei o telefone um pouco chocado, pensando: É melhor eu levar isso a sério!

Há muitos tipos de leões e eu não tinha ideia de como eu iria começar este desenho. Tentando me lembrar da conversa entre Tim e eu, lembrei que ele disse que amava os leões na Trafalgar Square, em Londres. No entanto, esses leões estão deitados e, se eu lembrava corretamente, a parede em sua casa era mais vertical. Isso significava que o leão teria de estar em pé.

Pensei que a biblioteca local teria alguns livros sobre leões e talvez isso me ajudasse a iniciar o processo. Vagando pela biblioteca, meu olhar caiu na seção 'Israel' e eu escolhi um livro com fotos de Israel. Na última página, havia uma foto grande dos leões Trumpeldor em Tel Hai. Eu nunca tinha ido lá, mas sabia um pouco da história de Trumpeldor.

Uma de suas citações famosas era: "bom morrer pelo nosso país".
Havia dois leões de pedra que marcavam um local memorial para ele.
A postura dos leões realmente me atingiu - eles estavam rugindo para
cima e sentados em uma posição muito vertical. Eu podia sentir algo
começando a acontecer. Dei uma olhada no livro e comecei a fazer
alguns desenhos, usando as imagens desses leões como referências.

Nos dias seguintes fiz muitos esboços. Eles se tornaram muito mais
detalhados do que as fotos e foram além dos leões de Trumpeldor.
Encontrei-me desenhando uma cena da crucificação entrelaçada na
juba do leão. Usando as linhas do cabelo seria possível vê-la ou não vê
-la. A seguir, à direita da cena da crucificação, comecei a esboçar o que
poderia ser percebido como um judeu religioso segurando pergaminhos da Torá. Depois eu fiz outro homem e depois outro, quase como
uma camada após outra até que a figura desapareceu completamente
no cabelo do leão.
Isto é como a dispersão do povo judeu de diferentes países ao longo
da história, pensei. A última pessoa a sair seria o rabino carregando os
pergaminhos da Torá. Era como se essas figuras se sobrepusessem
pelo lado direito da crina do leão. Na parte inferior da crina, perto de
onde o corpo começa, mas ainda na crina, havia uma *menorá*, de cabeça para baixo e flutuando no cabelo. Para mim, esta *menorá* representava a diáspora. Como o próprio povo judeu, fora da Terra de Israel
e não na posição correta, a *menorá*
está de cabeça para baixo e flutuando. Eu agora fui para a esquerda
da cena da crucificação e comecei a
desenhar portas de crematório do
Holocausto. Havia uma porta aberta com uma chaminé. O desenho
inteiro foi incorporado ao cabelo da
crina. Havia fumaça saindo da chaminé formando seis figuras surreais
se movendo para baixo, na parte da
crina, e cobrindo o peito do leão.
Eu sentia que uma das figuras seria
proporcionalmente muito menor

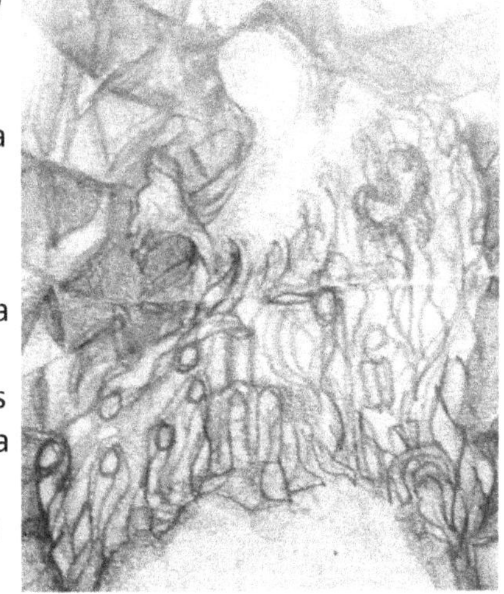

que as outras. Isso representaria o milhão e meio de crianças judaicas mortas no Holocausto. Todos esses desenhos menores estavam entrelaçados no cabelo do leão, visíveis e não visíveis. O leão que eu desenhei estava sentado sobre doze grandes pedras que eu sabia que representariam as doze tribos de Israel. Esta imagem só parecia sair de mim, eu não entendi, mas eu sabia que tinha sido pego por algo especial. Quando o desenho ficou pronto, eu sabia que este seria o 'Leão de Judá'.

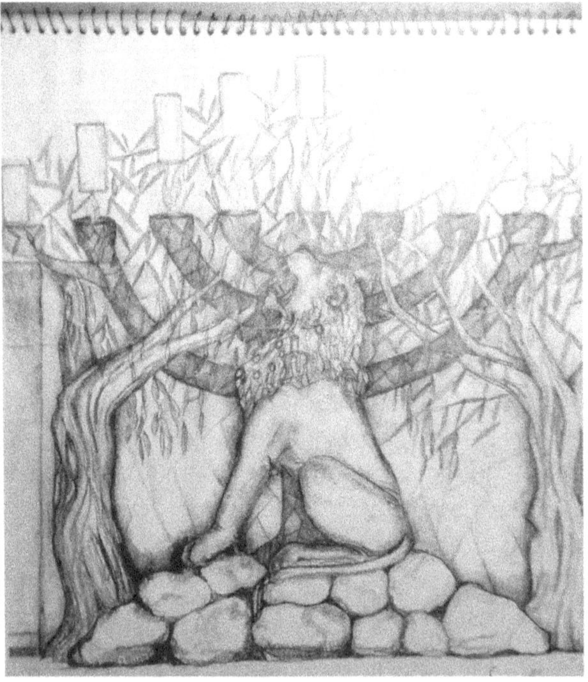

Eu não sabia quais eram as expectativas de Tim e Darlene, mas não parecia importar naquele momento. Eles me mandaram a passagem e eu voei para a Califórnia. Darlene me pegou no aeroporto e fomos nos conhecendo enquanto conversávamos a caminho da antiga casa deles. Eles iriam se mudar para a nova casa, com esta misteriosa parede, dentro de algumas semanas. Eu ficaria alguns dias com eles e depois voltaria para a Carolina do Norte.
Tim chegou em casa depois do trabalho e nos cumprimentamos.

Ele imediatamente quis ver o desenho. Eu estava um pouco nervoso, perguntando-me qual seria a sua reação para o 'Leão'.
Enquanto eles examinavam o desenho, agora estendido na mesa da sala de jantar, eu fiquei sentado em uma cadeira do outro lado da sala. Parecia haver alguma tensão e palavras sussurradas até Tim se aproximar a mim.

"Este desenho não está nem perto do que eu esperava", disse ele e voltou para a mesa. Pouco depois ele voltou. "Você não sabe o que você desenhou aqui. Isto não é nem parecido do que eu queria em um leão, mas isso é exatamente o que deve ser. Eu só descobri algumas semanas atrás que eu tenho herança judaica em minha família, um fato que tem sido escondido por gerações."
Eu supus que esta decisão de esconder o judaísmo na família de Tim foi por causa do Holocausto. Muitos judeus que sobreviveram ao Holocausto sabiam que eram perseguidos porque eram judeus e decidiram enterrar essa parte de suas vidas e não serem mais judeus.

No final, o 'Leão de Judá' foi produzido em bronze, sentado sobre as 12 pedras, três metros de altura por três metros e meio de base, dominando completamente a sala da casa nova de Tim e Darlene.
O 'Leão de Judá' tornou-se um marcador, a primeira peça em que eu combinava a crucificação e o Holocausto.

Muitos anos mais tarde, quando o 27 de janeiro de 2015 estava perto, Dafna e eu fomos convidados a fazer parte de uma conferência de oração em Auschwitz, marcando 70 anos desde a libertação do campo. Tínhamos concordado em estar lá, mas ao mesmo tempo eu estava trabalhando em um leão de tamanho natural que eu esperava que ficasse pronto antes dessa data. Chamado de 'Vingança do Cordeiro', era semelhante ao 'Leão de Judá'. Ele também estava sentado em doze pedras e rugia para cima, mas nesta escultura havia um pequeno cordeiro entre as patas dianteiras do leão. O cordeiro estava morto, sacrificado, e o leão, através do seu rugido, proclamava seu apego a este cordeiro e declarava a sua vingança.

Em sua juba não aparecia o Holocausto, como na primeira escultura do leão, mas uma grande *menorá,* totalmente vertical, entrelaçada no pelo. Como o povo judeu está de volta na sua Terra, a *menorá* está em pé, corretamente. Mesmo que eu esperasse que o leão da 'Vingança do Cordeiro' pudesse ser feito antes do dia 27, eu percebi que isso seria impossível.

Cerca de uma semana antes de partirmos para a Polônia, eu estava em Jerusalém tentando resolver alguns assuntos e me sentindo um pouco pressionado pela falta de tempo. No caminho a casa, eu me senti mais relaxado, pensando que poderíamos começar a arrumar nossas malas para ir a Auschwitz. Enquanto dirigia, ponderava sobre algumas coisas quando, de repente, eu senti o Senhor me dizendo muito fortemente que eu tinha que levar o leão. Além disso, eu também teria que escrever: "Oh, Senhor, que minha cabeça seja uma fonte de água e meus olhos uma fonte de lágrimas, que eu possa chorar dia e noite pelos massacrados do meu povo", em hebraico.
Finalmente, no dia 27 de janeiro, eu deveria colocar a bandeira israelense no edifício. A presença do Senhor era tão forte e Ele disse tanta coisa que eu tive que parar o carro e anotar tudo. "Mas o leão ainda não está acabado", falei ao Senhor.

"Você tem um leão!", o Senhor me disse. De repente eu me lembrei. Sim, ainda tenho a matriz do leão original, mas terei que encontrá-la e limpá-la. E como farei as letras hebraicas para esses versículos de Jeremias?
Naquela época, o edifício em Birkenau estava apenas parcialmente construído e o exterior estava coberto com chapas de aglomerado. Devo cortar moldes para as palavras e pintá-las na parede? Eu senti que essas exibições temporárias seriam um marcador para esta data particular. Se eu pudesse encontrar a matriz do leão depois de todos esses anos e fazer um molde simples das peças em gesso - isso poderia funcionar. No entanto, o assunto da bandeira me assustou um pouco. Colocar uma bandeira israelense no edifício, nesta pequena vila polonesa (Brzezinka) Birkenau, pode resultar em respostas muito negativas por parte dos vizinhos. Contudo, como isso realmente parecia ser do Senhor, eu sabia que tinha que tentar.
Dafna foi de grande ajuda na criação dos moldes para as letras.

Eu encontrei os pedaços da matriz, limpei e fiz o molde com gesso
branco. Posso encontrar a bandeira israelense na conferência de oração, pensei. Nós trabalhamos duro até o dia em que viajamos. Eu consegui moldar as peças para o 'Leão' e envolvê-las com corda e fita no
que eu esperava que fosse minha bagagem de mão para o voo.
Era muito grande, pesava cerca de 40 quilos e parecia muito estranho.

No aeroporto era como se ninguém visse o leão. Eu tive que ficar carregando a bolsa uns 20 metros, descansar e trocar de mão até que
finalmente chegamos ao nosso portão. Passamos todos os pontos de
controle e finalmente sentamos em nossos assentos no avião.
Ninguém disse uma palavra de protesto sobre o meu leão. Quando
chegamos em Oswiecim (Auschwitz), instalamo-nos em nosso quarto.
Como tínhamos alguns dias antes do dia 27, eu imediatamente comecei a construir as peças do 'Leão de Judá' na parede externa do nosso
edifício em Birkenau. Usando doze pedras grandes e planas, criei a
base para o leão se sentar.

Nós pintamos as palavras hebraicas em um pedaço de madeira lisa e
as montamos ao lado do leão. Eu tinha encontrado uma bandeira israelense, que montei na frente do edifício na manhã do dia 27. Naquele
dia, delegados de todas as nações comemoraram o marcador de 70
anos da libertação de Auschwitz na entrada do campo de Birkenau.
A poucas centenas de metros deste grande encontro internacional,
havia um edifício inacabado que foi marcado pelo grito de Jeremias,

o profeta, pelo Leão de Judá rugindo Sua intercessão sobre o sofrimento do povo judeu e pela bandeira israelense proclamando a existência da nação que Deus fez nascer a partir de toda essa morte.

O 'Leão', o início nesta jornada, marcou cada passo.
Oro para que Seu rugido sobre o povo judeu e sobre a terra de Israel traga restauração completa e traga todo o Israel de volta a Si mesmo.

Em 2015, começou a construção do edifício que acabará por abrigar a 'Fonte' e a mensagem da 'Fonte'.
Será que terminaremos este ano? Somente o Senhor sabe.

No entanto, estou convencido de que o Leão começou a rugir e que não haverá atrasos.

Apêndice

Da parede vazia à 'Fonte das Lágrimas'.

Começos humildes – no começo, não havia telhado sobre a exposição.

Naomi e Rute

Estou relacionando a história de Rute e Naomi como uma possível figura profética da relação entre a Igreja e Israel. Existem dois tipos de igreja — uma como Rute, segurando a Naomi (Israel), e a outra como Orpha, virando às costas ao seu próprio povo e deuses. Naomi está destroçada, estéril e amargurada. No entanto, sua nora lhe brinda apoio e diz: "O teu povo é o meu povo, o teu Deus é o meu Deus..."

(Rute 1:16)

Naomi and Ruth

I am relating to the story of Ruth and Naomi as a possible prophetic picture of the relationship of the Church to Israel. There are two types of churches - one like Ruth clinging to Naomi (Israel), and the other like Orpha turning back to her own people and gods. Naomi is broken, barren and bitter. However, her one daughter-in-law gives her support and says, "Your people will be my people and your God my God..." (Ruth 1:16)

Uma das sete oliveiras do lado de fora do edifício, que recebe a água das 'lágrimas' que circulam sobre os divisores de pedra dentro do edifício.

O curso está projetado para ser abordado em uma série de reuniões de 1½ a 2 horas de duração, ocorrendo idealmente uma seção por semana.

O DVD da 'Fonte das Lágrimas' contém faixas em vários idiomas:

Inglês; Hebraico; Francês; Alemão; Holandês; Espanhol; Polonês; Russo; Grego; Cantonês; Coreano; Português.

Um diálogo de sofrimento entre a crucificação e o Holocausto é um curso destinado a pessoas ou pequenos grupos de estudo. Este livro também contém muitas fotos da 'Fonte das Lágrimas'. Não foi pensado como um exercício intelectual, mas como uma ferramenta de estudo que aprofunda a conexão e semelhanças que existem entre a Crucificação e o Holocausto. O material está baseado na 'Fonte das Lágrimas', um diálogo esculpido do sofrimento entre a Crucificação e o Holocausto. Não espere encontrar respostas claras, mas permita que Deus Pai compartilhe Suas lágrimas, uma camada de cada vez, nas perguntas.

ISBN 978-965-7542-60-6

Fonte das lágrimas

Site: http://www.castingseeds.com
E-mail: castingseeds@gmail.com

As visitas à 'Fonte das Lágrimas' DEVEM ser pré-agendadas.
A Escultura está situada em uma propriedade particular e não é um lugar público. Os agendamentos precisam ser feitos com antecedência.
Uma visita à Fonte durará entre 60 e 90 minutos. Geralmente, a apresentação é em inglês, mas vários outros idiomas podem ser atendidos. Não é cobrada taxa de admissão.

Para organizar uma visita, envie-nos um e-mail com detalhes de possíveis datas e horários. Indique o número de pessoas e o idioma preferido.